Hechicería
entre
FOGONES

Hechicería entre FOGONES

Hechizos, recetas y rituales para comidas mágicas,
un jardín encantado y un hogar feliz

EDICIONES OBELISCO

Para Z Budapest, quien me enseñó muchísimas cosas sobre el camino: amor eterno para tu corazón enorme y tu mente brillante.
—Todos venimos de la diosa y a ella volveremos, como una gota de agua, que fluye hacia el océano

Puede consultar nuestro catálogo en www.edicionesobelisco.com

Los editores no han comprobado la eficacia ni el resultado de las recetas, productos, fórmulas técnicas, ejercicios o similares contenidos en este libro. Instan a los lectores a consultar al médico o especialista de la salud ante cualquier duda que surja. No asumen, por lo tanto, responsabilidad alguna en cuanto a su utilización ni realizan asesoramiento al respecto.

Colección Magia y Ocultismo
HECHICERÍA ENTRE FOGONES
Cerridwen Greenleaf

1.ª edición: diciembre de 2023

Título original: *The Book of Kitchen Witchery*

Ilustraciones: *Emma Garner*
Traducción: *Bárbara Pesquer*
Corrección: *Sara Moreno*

Edita: Ediciones Obelisco, S.L.
Collita, 23-25. Pol. Ind. Molí de la Bastida
08191 Rubí - Barcelona - España
Tel. 93 309 85 25
E-mail: info@edicionesobelisco.com

ISBN: 978-84-1172-067-0
DL B 14133-2023

Printed in China

Contenidos

Introducción:
La vida encantada

Por humildes que sean, las cocinas son el lugar donde nos reunimos. La esencia misma de la vida tiene lugar en esta estancia: cocinar, compartir comidas y hablar de nuestras vidas. ¿Qué puede ser más sagrado? Nada. Los paganos preparan mucho más que comida en este espacio. Aquí se crean múltiples brebajes y curas. Se muelen hierbas, se infusionan mezclas, se embotellan aceites esenciales, se dejan reposar tés medicinales, se miden cuidadosamente tinturas, por mencionar algunas labores de la bruja de cocina.

La cocina de una bruja es digna de contemplar: un espacio sagrado donde se conjura la buena salud, la prosperidad y el amor. La cocina es el corazón del hogar, está impregnada de energía positiva. La magia y el trabajo con los hechizos consisten en la expansión: expandir horizontes, enriquecer tu mente y tu espíritu, y celebrar las auténticas riquezas del bienestar y de la satisfacción. Cada bruja recorre el camino espiritual con pasos prácticos, navegando por el mundo moderno ayudada por la sabiduría antigua, transmitida de generación en generación. Cuando empiezas a acceder a este conocimiento especial, te unes a un linaje mucho más conectado con el mundo natural que nos rodea; nuestra Madre Tierra, la Luna y las estrellas, las hierbas y las plantas, los aliados animales… Todo eso son obsequios de la naturaleza y los usarás en la santidad de tu cocina. Nada más aproximarte a tu magia

 conscientemente, verás que tienes el poder de elegir la abundancia. Entonces avanzarás hacia la felicidad más verdadera, la cual no tiene nada que ver con los beneficios materiales, sino que implica compartir bendiciones con tus seres queridos y tu comunidad. Se trata de crear un sentido y recuerdos felices.

La magia mora en nuestro interior; la creamos con nuestros pensamientos y acciones. Es nuestro poder más profundo y nacemos con él. La meta del ritual es traer el cambio necesario. Consiste en mejorar las cosas para nosotras mismas, nuestros amigos y nuestros seres queridos, y para nuestra comunidad y nuestro mundo. No sólo estás sorbiendo un té medicinal casero en tu acogedora cocina, estás realizando un ritual al igual que muchas lo hicieron antes que tú. Este libro se ha diseñado contigo en mente, para motivarte y empoderarte para vivir al máximo y, más importante aún, que accedas a una sabiduría que es tan natural para ti. Con unas pocas ideas contenidas en este compendio de inspiración, pronto estarás elaborando potentes pociones procedentes de tu jardín de hierbas, creando altares propicios, fermentando espíritus sobrenaturales en tu despensa, sirviendo banquetes a quienes amas en honor a los festivales estacionales y participando en una hechicería sumamente satisfactoria. Invoca el poder de los dioses y las diosas domésticos a tu disposición y, sobre todo, deléitate en cada bienaventurado día de este obsequio llamado vida.

Capítulo 1

El altar de cocina

Tu altar personal es el lugar ideal para incubar tus ideas, tus
esperanzas y tus propósitos. Puede convertirse en una piedra
angular para bendiciones matinales y rituales diarios sencillos.
A medida que evolucionas, también lo hará tu altar.
Se convertirá en una expresión externa de tu vida interior
y de tu crecimiento espiritual, inspirándote a comulgar con
las partes más profundas de ti misma. Un altar es un lugar
donde honras los ritmos de la estación, así como los ritmos
de tu propia vida. Tu altar es un núcleo para los encantamientos
en tu casa, donde conectas con lo sagrado todos y cada uno
de los días. Crear y acrecentar tu santuario sagrado es uno de
los actos más autoenriquecedores que puedes realizar. No hay
nada más mágico que el instante en el que mente, cuerpo
y espíritu se alinean.

Tu centro de poder personal

Antes de que hubiera templos e iglesias, el altar era el lugar primario donde se expresaba reverencia. El término «altar» proviene del latín, y significa «elevado». Con un altar personal puedes alcanzar las cumbres de tu ascensión espiritual en la sabiduría. Tú construyes un altar cuando reúnes objetos simbólicos de una forma significativa y centras tanto tu atención como tu propósito. Cuando trabajas con las energías combinadas de estos objetos, estás realizando un ritual. Tus rituales podrán surgir de tus necesidades, de tu imaginación o de las ceremonias estacionales y tradicionales que encontrarás en este libro y en otros. Un libro en el que me he inspirado mucho es *A Book of Women's Altars* de Nancy Brady Cunningham, y me encanta su consejo de hacer una reverencia o poner las manos en el suelo frente a tu altar al principio del trabajo ritual y al final. Ella explica que «la conexión con la tierra denota el final del ritual y le indica a la mente que vuelva al estado ordinario de conciencia, ya que te reintroduces en la vida diaria». Un altar es un punto físico que te centra para el ritual y que contiene objetos considerados sagrados y esenciales para el trabajo ritual y el crecimiento espiritual. Un altar puede ser cualquier cosa, desde una piedra en el bosque hasta una mesa antigua exquisitamente tallada. Incluso los altares portátiles o los altares temporales bastan, como, por ejemplo, un tablero suspendido entre dos sillas para «rituales sobre la marcha».

Crear el altar de tu cocina

En una mesa baja o baúl de tu elección, deposita una tela de color verde bosque y una vela marrón que represente a la familia y al hogar. Añade objetos bonitos que hayas reunido, incluidos objetos del jardín y del exterior: madera que el mar haya arrastrado y esculpido, una flor preciosa, una vaina de semillas secas, tu cristal favorito; cualquier cosa placentera a la vista. Es fundamental añadir un ramo de flores silvestres nativas de tu área, que deberías recoger cerca de donde vivas o que sea de comercio local. Este ramillete te ayudará a integrarte a ti y a tu hogar en tu vecindario y región geográfica. Añade un saquito dulcemente perfumado de hierbas de tu jardín de la cocina o de las que quieras plantar. Por ejemplo: romero, lavanda, tomillo o menta, todas impregnarán tu espacio de energía positiva. Quema los aceites esenciales asociados, eligiendo los que creen un aura de confort en torno a tu cocina, incluyendo la vainilla, la canela o el neroli de naranja dulce en una lámpara de aceite. Al final, unge la vela marrón, concentrándote en el poder de la paz y la dicha que rodea tu hogar y en lo que hay alrededor de tu altar de cocina. Recita estas palabras:

La paz y la abundancia rebosan
y aquí me rodea la verdadera dicha,
a partir de ahora, toda discordancia se va,
éste es un lugar de poderosas bendiciones
porque aquí vive el puro júbilo.
Y así es, ¡bendita sea!

Este espacio consagrado calmará tu espíritu en cualquier momento. Tu altar te conecta con la tierra de la que formas parte.

Hechizo del santuario

Para ungir tu casa y convertirla en un escudo protector para ti y para tus seres queridos, frota cualquiera de los aceites esenciales siguientes en las jambas: de canela, de clavo, de sangre de dragón, de mirra. Entra en tu casa pasando por la puerta principal y ciérrala bien. Toma lo que quede de los aceites esenciales y restriégalos un poco por todas las otras puertas y ventanas. Enciende las velas blancas ungidas, colócalas en las ventanas y recita el hechizo de la derecha.

Mi casa es mi templo.
Aquí vivo y amo,
protegida y a salvo,
arriba y abajo.
Y así es, sellada por la magia.

* **La canela** revitaliza y guía la espiritualidad; es una hierba protectora y es útil para la sanación, el dinero, el amor, la sensualidad, el poder personal y el éxito laboral y en los proyectos creativos.

* **El clavo** es beneficioso para traerte dinero y ayuda a evitar energías negativas y bloquearlas.

* **La lavanda** es una potente sanadora que calma y que ayuda a descansar profundamente y a soñar.

* **La mirra** se considera muy sagrada desde la antigüedad e intensificará tu espiritualidad. También aleja a los malos espíritus.

* **La nuez moscada** es una planta de la suerte que promueve la buena salud y la abundancia. También fomenta la lealtad y la fidelidad conyugal.

* **La menta piperita** es una hierba purificadora e incrementa los poderes psíquicos. La menta relaja y ayuda a dormir, disminuyendo la ansiedad.

* **El romero purifica** e incrementa la memoria y la inteligencia. Esta sabrosa planta también intensifica la sensualidad y los vínculos amorosos. ¡Y te mantendrá joven!

* **La salvia** brinda sabiduría, salud y una vida larga. Es muy útil para disipar vibraciones negativas y para alentar la limpieza. También ayuda a hacer tus deseos realidad.

* **El anís** estrellado ayuda con la adivinación y con las habilidades psíquicas.

* **El haba tonka** te dará valor, y atraerá el amor y el dinero.

* **La vainilla** es una planta amorosa, y expande y enriquece tu capacidad mental.

Olla de oro: Bendición del altar de la abundancia

La magia de caldero consiste más en acciones que elaboran algo nuevo que en purificar con agua. Para atraer el dinero, llena una olla grande con agua fresca y deposítala en tu altar durante la Luna creciente. Vierte en ella una taza de leche con una cucharada de miel y una cuchara de clavo molido como ofrenda. Lanza puñados de manzanilla, musgo y verbena secos dentro del recipiente. Con la cabeza bien alta, di en voz alta:

Os invoco, dioses y diosas de lo antiguo, para llenar mi bolso de oro.
Os ofrezco la leche de la madre y la miel dulce.
Sin perjudicar a nadie y bendiciéndoos, os honro por traerme
salud y prosperidad.

Deposita el recipiente de la ofrenda en tu altar y deja ahí la mezcla aromática para que infunda la energía de la abundancia a tu cocina. Pasadas cuatro horas y cuarenta y cinco minutos, sal de casa y vierte la ofrenda en tu jardín de la cocina o en las raíces de un matorral. Luego haz una reverencia mostrando tu aprecio por la amabilidad de los dioses y las diosas.

FINANCIACIÓN FLORAL

Esta lista de plantas puedes usarla en cualquier trabajo ritual cuyo propósito sea la prosperidad: pimienta de Jamaica, almendras, albahaca, bergamota, hojas de cedro, canela, potentilla, clavo, eneldo, jengibre, heliotropos, madreselva, hisopo, jazmín, menta, mirto, nuez moscada, musgo de roble, sasafrás, verbena y asperilla. Pruébalas individualmente o en combinaciones, tinturas o bien molidas junto a tus inciensos. También puedes plantar un jardín de la prosperidad y revitalizar tu altar de la abundancia con hierbas y flores cultivadas por ti misma.

Hechizo de bendición de la sal de la tierra

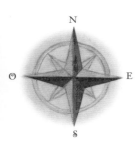

Todas las cocinas tienen un bote con sal. Éste, el más común de los condimentos, es esencial para la salud física y también para la salud de tu hogar. Con sólo un cuenco de sal, puedes purificar tu casa cada día y tener una «zona segura» para el trabajo ritual. Puedes dejar un cuenco de sal en cualquier habitación que creas que necesite renovarse; la sal absorbe la negatividad. A primera hora del día, muchas brujas de la cocina recurren a este método casero a diario, ordenando y limpiando la energía para cargar la casa de positividad.

En tu cocina, toma un cuenco de agua recién extraída y una tacita de sal. Coge el recipiente de agua y echa en ella toda la sal que te parezca necesaria. Unge tus dedos sumergiéndolos en el agua salada y luego toca tu frente alrededor de tu tercer ojo, en medio de la frente.

Ahora, mira hacia el este y di:

Poder del este,
fuente del Sol naciente,
bríndame nuevos inicios.

Después, rocía parte del agua
en la parte este de tu cocina.

Mira hacia el sur y di:

Fuente de la Cruz Estrellada,
lugar de calidez y de visión,
bríndame júbilo y abundancia.

Esparce unas gotas de agua salada
en dirección sur.

Mira hacia el oeste y di en voz alta:

Poderes del oeste,
fuente de océanos, montañas,
desiertos y de todo,
brindadme la seguridad del terreno
bajo mis pies.

Esparce gotas de agua en el flanco oeste
de tu cocina.

Ahora, mira hacia el norte y di en voz alta:

Poderes del norte,
portadores de vientos y de la estrella polar,
reveladme una visión de futuro
y entendimiento.

Rocía el agua en el área norte de la habitación.

Finaliza este ritual rociando agua y sal alrededor de tu casa, especialmente alrededor de ventanas, alféizares, portales y umbrales por donde la energía entra y sale cuando las visitas y los repartidores van y vienen. De esta forma, estás limpiando y gestionando la energía de tu espacio. Tras un acontecimiento desolador, puedes repetir este ritual y luego dejar un cuenco de sal fuera durante 24 horas para que pueda liberar tu espacio sagrado de «vibraciones» negativas.

Hechizo para inaugurar la cocina

Cuando tú o un amigo os mudéis a una nueva casa, coloca una guirnalda en la puerta principal y también fuera de la cocina o en la puerta trasera (si tu cocina no da directamente al exterior). Reúne dos manojos de lúpulo o de eucalipto secos, átalos con lazos verdes y marrones y cuélgalos en lo alto de la puerta. Cruza por cada puerta con una vela marrón en un tarro votivo de cristal e incienso aromático de canela. Entona estas palabras:

Casa de mi cuerpo, acepto tu cobijo.
Hogar de mi corazón, recibo tus bendiciones.
Hogar de mi corazón, estoy abierta al júbilo.
Y así es. Y así será.

Todas las estaciones y motivos para los altares

Una de las formas más vitales que tienen los paganos para estar en contacto con la naturaleza es crear altares estacionales. Tu altar te ayuda a mantener el equilibrio en la vida y a profundizar tu conexión con el mundo circundante. Un altar estacional es tu herramienta para las ceremonias destinadas a honrar a la Madre Naturaleza y a recibir la profunda sabiduría de la tierra combinando las energías de conchas, plumas, hojas, flores, hierbas y todos los obsequios de la estación. Tus altares periódicos son el terreno intermedio entre la tierra y el cielo, el punto de encuentro de los cuatro elementos. Crear estos altares es una gran afirmación de la vida.

La primavera

Puedes crear un maravilloso altar al aire libre para la primavera planificándolo con dos estaciones de antelación y plantando bulbos florales, unas flores que sean heraldos de la primavera como, por ejemplo, tulipanes y lirios del valle. Cuando los bulbos empiezan a crecer y brotan los capullos, coloca una imagen o estatua en el centro del altar, que podría ser un banco de piedra o la parte superior de una pared de piedra. Podría ser el busto de un joven mitológico que represente a Jacinto, inmortalizado en el mito y en la magnífica flor. A lo largo de la primavera, puedes ponerte dentro de tu círculo mágico (*véase* página 25) y rezar y cantar por el renacimiento de la naturaleza que es la primavera.

El verano

Durante la estación del Sol y el calor, se puede celebrar la plenitud de la vida y del crecimiento con los colores amarillo, verde y rojo. Cuando te vayas de vacaciones, tráete conchas y piedras a la vuelta y crea un altar dedicado a esta estación de júbilo. Como bruja del fuego del hogar* de pro, tengo una chimenea exterior, que es mi templo estacional, y la adorno con una guirnalda de orquídeas, una botella de hechizos llena de brillante arena dorada y conchas relucientes de la playa. Una vela amarilla votiva arde suavemente depositada en una magnífica concha opalescente de oreja de mar. Un antiguo ladrillo en posición vertical con una imagen del sol grabado custodia el humilde templo a la estación de Helios.

---

* También denominadas *hearth witches*. (N. de la T.)

El otoño

Trae la abundancia de la cosecha al altar de tu cocina. Las hojas se van cayendo
y el tiempo de la siega ha llegado. Ésta es la época adecuada para un altar de
gratitud que refleje la abundancia y la continuidad de la vida. Un conjunto
de calabazas, bellotas, ramas multicolores y una guirnalda resultona honrará
esta época de abundancia.

El invierno

El blanco y el azul denotan la nieve y el cielo. Velas en forma de estrella y una rama
desnuda en tu altar simboliza este momento para la interiorización, explorar las pro-
fundidades de una misma y sacar a relucir la visión de la primavera que viene. Si tienes
una chimenea en casa, puede ser tu altar para la estación más fría, con velas ardiendo
que ayuden a crear confort y calidez.

El altar de la hora bruja para el bienestar

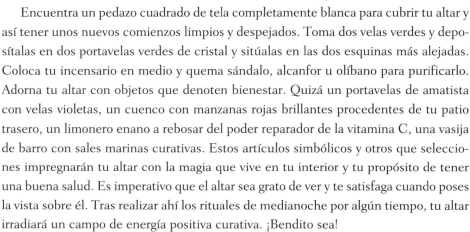

Crear un altar de salud salvaguardará tu salud física y la de tus seres queridos. Tu altar es un lugar de trabajo sagrado y, en este caso, un lugar para una magia potente y práctica. Instala tu altar para la sanación orientado al norte, el punto cardinal asociado a la energía de la manifestación. El norte también es el punto cardinal de la hora que marca la media noche, a veces conocida como «la hora bruja».

Encuentra un pedazo cuadrado de tela completamente blanca para cubrir tu altar y así tener unos nuevos comienzos limpios y despejados. Toma dos velas verdes y depositalas en dos portavelas verdes de cristal y sitúalas en las dos esquinas más alejadas. Coloca tu incensario en medio y quema sándalo, alcanfor u olíbano para purificarlo. Adorna tu altar con objetos que denoten bienestar. Quizá un portavelas de amatista con velas violetas, un cuenco con manzanas rojas brillantes procedentes de tu patio trasero, un limonero enano a rebosar del poder reparador de la vitamina C, una vasija de barro con sales marinas curativas. Estos artículos simbólicos y otros que selecciones impregnarán tu altar con la magia que vive en tu interior y tu propósito de tener una buena salud. Es imperativo que el altar sea grato de ver y te satisfaga cuando poses la vista sobre él. Tras realizar ahí los rituales de medianoche por algún tiempo, tu altar irradiará un campo de energía positiva curativa. ¡Bendito sea!

El almanaque astrológico de la brujería verde

Las plantas traen consigo una potente energía que puedes usar para amplificar tus trabajos mágicos. Usa las indicaciones del Sol, la Luna y las estrellas en tu provecho, y con el tiempo sabrás cuáles son las más efectivas para ti. Asegúrate de usar tu propia carta astrológica al trabajar con estas hierbas.

Aquí tienes una guía con las asociaciones astrológicas de las plantas que puedes cultivar en el jardín de tu cocina o guardar secas en tu despensa:

* **Aries,** gobernado por Marte: El clavel, la madera de cedro, el clavo, el comino, el hinojo, el enebro, la menta piperita y el pino.

* **Tauro,** gobernado por Venus: La manzana, la margarita, la lila, la magnolia, el musgo de roble, la orquídea, la plumería, la rosa, el tomillo, el haba tonka, la vainilla y las violetas.

* **Géminis,** gobernado por Mercurio: Las almendras, la bergamota, el clavo, el eneldo, la lavanda, la citronela, el lirio, la menta y el perejil.

* **Cáncer,** gobernado por la Luna: El eucalipto, la gardenia, el jazmín, el limón, el loto, la mirra, la rosa y el sándalo.

* **Leo,** gobernado por el Sol: La acacia, la canela, el heliotropo, la nuez moscada, la naranja y el romero.

* **Virgo,** gobernado por Mercurio: Las almendras, el ciprés, la bergamota, la altarreina, la menta, el musgo, el pachulí y el tomillo.

* **Libra,** gobernado por Venus: La hierba gatera, la mejorana, la artemisa, la hierbabuena, el guisante de olor, el tomillo y la vainilla.

* **Escorpio,** gobernado por Plutón: la Pimienta de Jamaica, la albahaca, el comino, la galanga y el jengibre.

* **Sagitario,** gobernado por Júpiter: El anís, la madera de cedro, la madreselva, el sasafrás y el anís estrellado.

* **Capricornio,** gobernado por Saturno: El tomillo limón, la mimosa, la verbena y el vetiver.

* **Acuario,** gobernado por Urano: El cidro, el ciprés, la goma vegetal, la lavanda, el pino y la hierbabuena.

* **Piscis,** gobernado por Neptuno: El clavo, el neroli, el lirio, la zarzaparrilla y el guisante de olor.

Popurrí de poder

5 g de romero seco

4 hojas de laurel secas

5 g de salvia seca

1 cucharadita de bayas de enebro secas

Hierve esta mezcla en una olla de agua en tus fogones siempre que sientas la necesidad de infundir protección a tu espacio o desees un vuelco energético con el que conviertas algo negativo en algo positivo. Un día nefasto en el trabajo, una disputa familiar, un incidente desafortunado en tu vecindario: en lugar de limitarte a ir dando tumbos, puedes hacer algo para aliviarlo y crear esa positividad te ayudará a ti y a tus seres queridos, al igual que a tus vecinos. Este popurrí de poder también te protegerá de influencias externas perturbadoras. Márcate tu propósito antes de comprar las hierbas.

Mezcla las hierbas a mano. Mientras las vas tamizando con los dedos, cierra los ojos y visualiza tu hogar protegido por una barrera de luz blanca brillante. Imagina la luz pasando a través de ti, depositándose en las hierbas de tu mano y cargándolas con la energía de la seguridad, la santidad y la protección. Añade las hierbas para que se hiervan a fuego lento y respira el aire recién cargado.

Hechizo del altar de piedra, quemando la mala suerte

Tu cocina es el corazón de tu hogar, tu santuario. Con todo, el mundo se presenta y vuelca energía mundana sobre tu umbral constantemente: problemas en tu lugar de trabajo, dificultades económicas, malas noticias de tu vecindario o del mundo en general. Toda esta negatividad quiere cruzarse en tu camino y quedarse. Aunque no puedas solucionar la caída bursátil en China o el divorcio de un compañero de trabajo, puedes hacer algo empleando este hechizo de mantenimiento del hogar y no permitiendo así que esta mala energía se aferre a ti. El mejor momento para librarse de algo y de toda la mala suerte es un viernes 13 o en cualquier Luna creciente. Como sabes, el viernes 13 se considera un día de la suerte en el calendario de la bruja.

Toma una vela negra grande y un cristal negro, un pedazo de papel blanco, un bolígrafo negro con tinta negra y un matasellos, disponible en papelerías. Ve a tu patio trasero o a un parque o bosque cercano y busca una piedra plana que tenga una superficie ligeramente cóncava. Con el bolígrafo, escribe en el papel de qué quieres librar a tu hogar y a ti mismo; ésta es tu petición de liberación. Coloca la vela y el cristal negro en la roca; enciende la vela, y mientras arde, entona las palabras del hechizo de la derecha.

Visualiza un hogar despejado y en paz repleto sólo de positividad mientras la vela arde durante 13 minutos. Sella el papel con el matasellos. Apaga la vela, dobla el papel alejándolo de tu cuerpo y ponlo debajo de la roca. Agradécele verbalmente a la Luna su asistencia. Si tienes un problema realmente serio, repite el proceso 13 noches y derrotarás a lo que sea.

Luna creciente; Selene, la más sabia;
te ruego disipes esta carga que llevo,
esta noche tan clara y luminosa,
libero ____ hacia la Luna esta noche.

Cerrando el círculo
«Cuanto más se usa un altar, más energía generará, haciendo tus hechizos todavía más efectivos y poderosos».

Capítulo 2

Las herramientas del oficio

Tus herramientas recolectan y guardan la magia que vive en tu interior. Pasan a estar infundidas de tu energía, a convertirse en una fuente de energía para ti y a magnificar la fortaleza de tu trabajo ritual. Las herramientas adicionales a tu disposición son menos tangibles que los cuchillos, calderos, hierbas y varitas; éstas son tu respiración, tu visualización, tu intuición, la destreza de centrar tus pensamientos y emociones.

Tu propósito purifica todas estas destrezas adicionales de tu arsenal. A medida que recorres el camino de una vida sagrada, ten presente que todo lo que haces puede ser un vehículo que traiga consigo encantamientos: cada semilla que plantes, cada té que infusiones, cada comida que prepares para tus seres queridos. Esto conlleva un gran júbilo, así como una gran responsabilidad. Con esta mezcla especial de magia positiva y práctica, la hechicería de cocina puede ser tu recurso para traer mucho bien al mundo.

Tu espacio mágico

Las cocinas tienen muchas más herramientas que la mayoría de los talleres. Las cocinas modernas están llenas de aparatos novedosos, que están junto a herramientas de eficacia probada que los humanos han usado durante miles de años; el primer cavernícola afiló un palo convirtiéndolo en una brocheta de carne y la primera cavernícola empezó a usar cáscaras y conchas como cucharas y cuencos. Estos utensilios primigenios sustentaron la vida, ya que los primeros humanos los usaban para cocinar junto al fuego tribal. Aquello que se ha usado desde el principio –utensilios de cocina forjados al fuego y usados para sobrevivir ante los elementos– forma parte del linaje de las brujas del fuego del hogar, lo cual conforma la vida de la bruja de cocina del siglo XXI.

Aunque no nos haga falta luchar contra la dureza que tenía esa vida temprana, nuestros antepasados forjaron otro tipo de relación con los elementos de la tierra, el aire, el fuego, y el agua. Ahora empleamos estas energías en los hechizos y aprovechamos el poder y el bien que éstas contienen sirviéndonos de cuencos tallados en barro cocido, de tazas y cálices que vierten aguas sagradas, del calor de la llama para cocinar y del aire perfumado, mágico y ahumado del incensario lleno de resinas y hierbas. Esos actos sencillos nos conectan con nuestros antecesores y con nuestros futuros hijos e hijas.

Un círculo mágico

Cuando creas un espacio sagrado y usas tus herramientas mágicas en él, estás dejando atrás lo mundano. Tu cocina es un espacio donde harás mucha magia y, pese al ajetreo del mundo cotidiano que nos rodea, podrás tocar lo sacrosanto. No te hace falta subir a la cima de una montaña sagrada; cualquier lugar elegido puede ser un ámbito de encantamiento donde formules el círculo.

Se crea un círculo mágico «formulándolo», o dibujándolo en el aire con energía concentrada. Dentro de este círculo se genera energía, se realizan rituales y se trabajan los hechizos. En este espacio consagrado también puedes invocar a dioses y diosas, y ponerte en sintonía con tus propias deidades. Poniendo atención y centrándote, trabajar en el círculo puede ser una experiencia maravillosamente intensa. Todos tus sentidos cobrarán vida. Sentirás, verás y oirás las energías invocadas. Habrás creado una esfera de poder tangible.

Puedes formular un círculo, y sin duda lo harás, en cualquier parte: en el bosque, en la playa o en tu confortable hogar. Dondequiera que lo formules, ese espacio será tu templo. En tu cocina, pon las sillas contra la pared para definir los límites de tu círculo. La tradición wiccana especifica que el círculo debe tener 2,75 metros de diámetro. Puede que los paganos urbanos tengamos menos espacio, así que puedes extenderte hasta la estancia más cercana. He tenido cocinas que parecían armarios grandes, así que yo me extendía hasta el comedor y la sala de estar. ¡Cuantas más habitaciones estén benditas, mejor! Cuando trabajas al aire libre con un grupo numeroso, se formulan círculos muy grandes. Muchas brujas formulan un círculo al principio de cualquier hechicería y para delimitar cada celebración del *sabbat*.

La única limitación al formular un círculo mágico es tu imaginación o el objetivo asignado. La magia empieza en tu voluntad y con tus herramientas sagradas. Para estar completamente impregnadas de energía, tus herramientas mágicas y rituales deberían morar en tu altar de cocina. Limpia y purifica tus herramientas recién adquiridas, tanto si son antiguas como si son nuevas. Plantéate tus herramientas rituales como conductores de energía que absorben y proyectan la energía del entorno y del trabajo ritual que realices. Mantenlas limpias, puras y positivas.

El juego de herramientas de una bruja de cocina

Verás que ya posees algunas herramientas básicas de una bruja de cocina, pero quizá quieras adquirir objetos novedosos para ti cuyo único uso será la magia de cocina.

PROTOCOLO CON LA ESCOBA

Esto es muy importante: no uses tu escoba para limpiar la casa. Como yo, quizá consideres cada centímetro de tu hogar un espacio sagrado, aunque deberás mantener tus aperos de limpieza habituales separados de los que emplees para tus trabajos mágicos. Plantéatelo como la separación entre la Iglesia y el Estado si quieres. ¡Más o menos es eso!

Por lo general, no es recomendable usar herramientas como un cuchillo ritual para deshuesar un pollo, puesto que te arriesgas a crear una confusa mezcla de energías mundanas y mágicas. Si tratas tus herramientas rituales con el máximo respeto, te prestarán un muy buen servicio. Con el tiempo, se les irá inculcando la magia mediante su uso exclusivo en tus trabajos rituales. La tradición wiccana tiene a las escobas en alta estima, y algunas brujas poseen una colección impresionante de ellas, cada cual con su nombre para distinguir sus roles como «familiares», o espíritus afines. Las brujas de cocina a menudo tienen el surtido más extenso de escobas habido y por haber.

La escoba

Esta herramienta mágica surgió hace siglos de la práctica mágica de limpiar el área ritual barriéndola antes de formular un hechizo. Centrada y con un propósito, puedes disipar influencias negativas y malos espíritus de la zona y preparar un espacio para el trabajo ritual. En los viejos tiempos, las bodas paganas y las citas de Beltane se llevaban a cabo saltando por encima de la escoba, una antigua tradición de unión simbólica de manos; la clásica boda de las brujas. A lo largo de los siglos, esta rica historia cautivó la imaginación como símbolo arquetípico de las brujas.

Tu escoba es esencial para gestionar la energía. Compra una hecha a mano en ferias de artesanía o en tu bazar metafísico favorito. No debería ser una industrial de plástico del supermercado; yo compré una escoba larga de Trader Joe's impregnada de canela que uso en mi cocina de bruja. Una escoba de madera y de paja natural tejida estará imbuida de las energías inherentes de esos materiales orgánicos.

Crear tu propia escoba purificadora

Para purificar tu espacio con tu energía personal en la mayor medida posible, lo mejor es una escoba hecha por ti misma. No tienes que esperar a celebrar un círculo o a trabajar con hechizos, puedes purificar tras una disputa con un ser querido, librarte de un ataque de tristeza o de un malestar que necesites barrer directamente fuera de tu casa. A menudo, una bruja de cocina empieza el día con este sencillo ritual de limpieza completa que renueva el entorno y crea espacio para las buenas energías en tu vida. Por supuesto, esta limpieza no busca dejar tu casa impecable; es un acto simbólico efectivo que mantiene tu hogar como un santuario personal.

Puedes hacer tu propia escoba purificadora de paja entrelazada y atada a una rama caída, o puedes añadir algo a una escoba adquirida en una tienda. Enrolla un alambre de cobre alrededor de la parte inferior del palo de tu escoba y en las hechas a mano; úsalo para amarrar la paja a un palo o rama robustas. El cobre, regido por Venus, confiere un aura de belleza y mantiene la negatividad a raya. Pega cristales al mango con cola para impulsar su poder. Para limpiar y purificar, recomiendo los cristales siguientes:

* **El ámbar** para el buen humor.

* **El ágata** azul acebo para la tranquilidad y un hogar pacífico.

* **El coral** para el bienestar.

* **El azabache** absorbe la mala energía.

* **El ónix** es una piedra de protección.

* **La madera** petrificada para la seguridad.

* **El ojo de tigre** te protegerá de situaciones o de gente que drenen tu energía.

* **La turquesa** crea calma y relajación.

El caldero

¡He aquí algo verdaderamente esencial para hechicería de cocina! El caldero evoca a la diosa; su forma redonda denota el vientre del que todos procedemos. Lo ideal es que sea de hierro fundido u otro metal duradero que se caliente con uniformidad; el caldero puede resistir y contener el fuego, y representa el renacimiento; el fénix resurgiendo de las cenizas del pasado. Habitualmente, los calderos se sostienen sobre tres patas por razones prácticas, por estabilidad y por movilidad. Coloca uno en el altar de tu cocina si tienes espacio o en el suelo a la izquierda del altar.

En primavera, este perol sagrado se puede usar para contener tierra o agua, y en invierno, debería contener fuego, la llama de las velas o incienso dulcemente ahumado, que denota el renacimiento del Sol que vendrá al final de la estación más fría. También puedes jugar con la forma del caldero y usar una urna repleta de lluvia o una fuente llena de flores. El caldero veraniego puede ser una bonita taza; en la época de la cosecha, puede ser alguna calabaza ahuecada. Puedes jugar con el concepto del *recipiente* en tus ceremonias y ser imaginativa, ponte realmente creativa.

El caldero clásico de hierro fundido es muy práctico para mezclar tus hierbas y aceites esenciales; asegúrate de limpiarlo cuidadosamente después de cada uso para no mezclar energías sin querer. Puedes adivinar el futuro con un caldero lleno de agua leyendo las imágenes de la superficie del agua. Asimismo, puedes usar este recipiente mágico para quemar papeles donde hayas escrito hechizos, conjuros y propósitos mágicos. Haciéndolo, le enviarás tus deseos a los dioses y diosas a través de las llamas, el elemento del fuego.

El cáliz

El cáliz, otro recipiente que denota lo femenino, la Diosa y la fertilidad, es una copa para usarla exclusivamente en tu altar. Contiene tanto fluidos físicos como las aguas de tu cuerpo emocional, y está conectado con el elemento del agua. Coloca el cáliz que hayas escogido cuidadosamente en el lado izquierdo de tu altar junto a otras representaciones de la energía femenina y de la Diosa. Un grial también es un cáliz. La leyenda cuenta que el santo grial revivió a un reino de Camelot en decadencia y devolvió la salud al rey Arturo y a su gente, dando lugar al renacimiento de la propia Inglaterra. En tu altar, tu cáliz puede contener agua, hidromiel, vino, zumo o cualquier cosa bendecida. Puede contener agua bendita para consagraciones y ritos de bendición. Al final de diversas ceremonias rituales y *sabbats,* se suele brindar por las deidades con una robusta *ale,* sidra, o vino, y se les da las gracias por estar presentes. Tras abrir el círculo, puedes verter su contenido en la tierra al aire libre como ofrenda para las entidades benevolentes.

Botellas mágicas

Las botellas de hechizo, o botellas mágicas, han existido desde el siglo XVII y se solían llenar de cabello, uñas, sangre y otros materiales efímeros. Ahora se usan para empoderarnos y adornar nuestros espacios sagrados. Aunque su popularidad ha menguado desde la época isabelina, cuando se las llamaba «botellas de brujas», aún se usan para varios propósitos, y tu cocina mágica puede mostrar varias botellas de hechizo. Puedes personalizar tu hechizo en botella con tapones de cristal, y deberías desatar tu imaginación en relación con el uso y los fines positivos con los que llenar tus recipientes: tener una en tu jardín mantendrá tus plantas saludables, en el dormitorio traerá amor y felicidad, y en la repisa de la sala de estar protegerá tu hogar. Las botellas de hechizo esencialmente se usan como protección, pero también puedes poner símbolos de tus sueños y deseos en ellas: canela para la salsa de la vida, rosa para el romance, romero para el recuerdo.

Cuencos

Aunque un cuenco no sea una herramienta propiamente dicha, puedes usar cuencos en tu hechicería a menudo y siempre que tengas la inspiración de hacerlo. Habitualmente se usan cuencos transparentes de cristal.

Ritual del cuenco de bendiciones

Estas aguas limpian mi
alma y mi ser,
ahora, con una mente y un corazón
claros, estoy viendo,
soy amor; mi corazón es tan grande
como el cielo y tierra.
Del este al oeste,
el amor universal le da a la vida su valor.
Bendiciones a todos, así sea.

Tres ingredientes sencillos –una rosa roja, una vela rosa y agua– pueden otorgar una potente bendición. La rosa denota la belleza, el potencial, las estaciones soleadas y el amor propio y por el prójimo. La vela denota el elemento del fuego, la llama amarilla del Sol naciente del este, la armonía, las aspiraciones elevadas, y la luz del alma. El agua denota a su propio elemento, el fluir, el punto cardinal del oeste, las emociones y la limpieza. Se puede ejecutar este ritual en solitario o con un grupo al que pasarle el cuenco.

Deja flotar la rosa en un cuenco transparente con agua y enciende una vela rosa junto al cuenco. Con la mano izquierda, remueve suavemente el agua en el cuenco y di las palabras de la izquierda.

La daga athame

Pronunciado «atame», es tu cuchillo mágico. También puede ser una daga ritual o una espada. La daga athame denota y contiene la energía yang, la faceta masculina de las deidades. Los cuchillos rituales también se asocian con el elemento del fuego. Por estas dos razones, deberías colocar tu cuchillo ritual en el flanco derecho de tu altar. Está pensada para dirigir las energías que generas en tus círculos y tus hechizos; no se la usa para cortar, sino para manipular a las fuerzas implicadas en la labor del encantamiento. Una daga athame suele tener el filo romo. Los cuchillos con que rebanas el pan y troceas las verduras están bajo una categoría distinta. Algunos tradicionalistas wiccanos especifican que el mango de la daga athame debería ser negra o muy oscura (como en la ilustración de la derecha), puesto que el negro es el color que absorbe las energías y, por lo tanto, se sintoniza rápidamente con el practicante.

Bolina

Una bolina, en la mayoría de los casos es un cuchillo con un mango blanco (como se muestra en la ilustración de arriba a la derecha) usado para hacer otras herramientas y para cortar materiales tales como cordones y hierbas dentro del círculo sagrado. Puedes crear tu propia varita mágica, por ejemplo, cortando la rama de un árbol con tu bolina. Esto incrementa la energía contenida en la varita y crea una herramienta mágica mediante el uso de otra herramienta mágica. También puedes usar tu bolina para grabar símbolos y nombres en tus velas y varitas, así como en otras de tus herramientas. Una bolina generalmente tiene una hoja curva y un mango blanco para diferenciarla de la daga athame, y también se la asocia con la energía masculina.

La varita

La varita mágica es una herramienta poderosa para invocar a las deidades. Al igual que la daga athame, una varita centra los proyectos y guía la energía. Puesto que reúne y almacena poder mágico, una varita es maravillosa para sanar y puede ser el instrumento con que dibujas la forma del círculo cuando lo formulas.

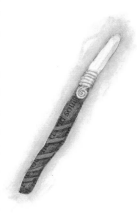

A ser posible, encuentra tu varita de forma providencial. Obtenla sirviéndote de la atracción. Una varita es un poderoso obsequio. Si sientes que es verdaderamente lo correcto para ti, puedes y deberías adquirir tu propia varita. Simplemente asegúrate de purificarla, limpiando la energía de la tienda para que sea realmente tuya. No obstante, antes de salir disparada hacia el bazar metafísico de turno, date un paseo por el bosque más cercano al lugar donde vives. Podrías encontrar tu varita de ensueño esperándote en el suelo boscoso. Hay gente que prefiere madera «viva»; ramas de cerezo, sauce, o roble que hay que cortar del árbol. Como eco-pagana de pro, yo prefiero infinitamente las ramas caídas que la naturaleza ha cosechado. Los metales mágicos –el cobre, el oro y la plata– son excelentes para decorarla, y quizá también quieras decorarla con gemas y cristales. El factor más importante para cualquier varita es cómo la notas en tu mano. Cuando hayas encontrado la adecuada, lo sabrás de inmediato.

Velas

La popularidad de las velas ha alcanzado máximos históricos. La gente de toda clase y condición usa velas para relajarse, meditar, aromaterapia y, lo más importante, para sentir que está en un «hogar de paz» que sea su propio santuario. Esta herramienta sencilla, aunque profunda, puede crear una magia poderosa. Tómate unos instantes y observa cómo la luz de las velas transforma una habitación oscura y llena la atmósfera con la energía de una luz mágica. De repente, el potencial de la transformación resulta evidente. Cada vela contiene los cuatro elementos:

Aire–El oxígeno alimenta y aviva la llama de la vela.
Tierra–La cera sólida forma el cuerpo de la vela.
Agua–La cera fundida denota el estado elemental fluido.
Fuego–La llama chisporrotea y arde.

Cómo cargar una vela

Cargar una vela significa infundirle un propósito mágico. Una vela cargada llena tu espacio personal de propósitos y se extiende hasta los cuatro elementos y la esfera celestial. A las velas rituales se las elige en función de sus correspondencias de color, se las talla, y se las «viste» o unge con aceites especiales elegidos por su energía específica.

Una vez aclarado tu propósito, limpia tus velas pasándolas a través del humo purificador de la salvia o del incienso. Carga adicionalmente tu vela tallando un símbolo en la cera. Puedes calentar la punta de tu cuchillo ritual con una cerilla encendida y tallar en ella todo tu propósito. Mientras grabas los trabajos mágicos apropiados en la vela, la estás cargando de energía y de la esperanza y del objetivo de tu hechizo. Algunos ejemplos muy exitosos que he usado y que he presenciado en reuniones del círculo* son: «Sanación para una amiga que está en el hospital; se recuperará ganando una renovada y mayor salud». «¡Tendré el aumento de sueldo que estoy pidiendo y mucho más!». «Un nuevo amor verdadero entra en mi vida en la próxima estación, bendito sea».

Acto seguido, deberías «vestir» a tu vela con un aceite específico. Cada aceite esencial está impregnado de un poder procedente de las plantas y flores con las que

---

* También denominadas *hearth witches*. (*N. de la T.*)

GUÍA RÁPIDA DE LAS VELAS: LA MAGIA DEL COLOR

Verde: El dinero, la prosperidad, el crecimiento, la suerte, los trabajos, la jardinería, la juventud, la belleza, la fertilidad.

Azul oscuro: El cambio, la flexibilidad, lo inconsciente, los poderes psíquicos, la sanación.

Rosa: El amor, la amistad, la amabilidad, la fidelidad, la bondad, el afecto.

Marrón: El hogar, la sabiduría animal, el enraizamiento, la sanación física.

Negro: Aparta, absorbe, expulsa lo negativo, sana enfermedades graves.

Dorado: La magia solar, el dinero, la atracción, el plano astral.

Naranja: La ley de la atracción, el éxito con problemas legales, la mutabilidad, la estimulación, el apoyo, motivar, el júbilo.

Azul claro: La paciencia, la felicidad, triunfar sobre la depresión, la calma, la comprensión profunda, la compasión.

Rojo: La fortaleza, la protección, la sexualidad, la vitalidad, la pasión, el coraje, el corazón, los sentimientos amorosos intensos, la buena salud, el poder.

Blanco: La purificación, la paz, protegerse de la negatividad, la verdad, los vínculos, la sinceridad, la serenidad, la castidad, la satisfacción, el espíritu.

Violeta: El poder femenino, aliviar el estrés, la ambición, sanar heridas del pasado, la naturaleza de una diosa, éxito en los negocios.

Gris: La neutralidad, los estancamientos, la cancelación.

Amarillo: El poder y la visión mentales, la inteligencia, la claridad de pensamiento, el estudio, la confianza en uno mismo, la prosperidad, la adivinación, el psiquismo, la abundancia, la sabiduría, el poder de persuasión, el carisma, un sueño reparador.

está hecho. También puedes usar los aceites para ungirte a ti misma en la coronilla o en el tercer ojo para incrementar la claridad mental. Al usar los poderes inherentes a los aceites esenciales y al ungir tanto la herramienta como a ti mismo, estás incrementando y multiplicando las energías; en este caso, la de la vela y la tuya propia.

Los aceites esenciales son extractos sumamente concentrados de flores, hierbas, raíces, o de resina, a veces diluidos en una base de aceite neutro. Asegúrate de que usas aceites naturales y no de los perfumados manufacturados repletos de agentes químicos; los sintéticos carecen de energía real. Asimismo, aborda los aceites con precaución y no te los apliques en los ojos. Es bueno tener unos guantes de algodón limpios en tu cocina de bruja para manipular materiales peligrosos. Puedes evitar líos y proteger tus herramientas mágicas usando goteros de aceite. No uses aceites esenciales durante el primer trimestre del embarazo y consulta a un aromaterapeuta si puedes usarlos en las etapas más avanzadas. Encuentra un herbolario de confianza o un sabio en tu tienda de metafísica local; suelen tener muchos conocimientos útiles que ofrecer. He incluido todo lo posible en la guía general de aceites siguiente.

Connotaciones mágicas de los aceites esenciales:

* **La sanación:** Laurel, madera de cedro, cilantro, canela, eucalipto, enebro, lima, rosa, sándalo, hierbabuena.

* **La prosperidad:** Aloe, albahaca, canela, clavo, jengibre, nuez moscada, musgo de roble, naranja, pachulí, menta piperita, pino.

* **El amor:** Albaricoque, albahaca, aceite de manzanilla, cilantro (coriandro), clavo, copal, geranio, jazmín, limón, lima, neroli, rosa, romero, ylang-ylang.

* **La sexualidad:** Ámbar, cardamomo, clavo, citronela, oliva, pachulí, rosa.

* **La paz:** Manzanilla, lavanda.

* **La suerte:** Nuez moscada, naranja, rosa, verbena.

* **El coraje:** Pimienta negra, olíbano, geranio.

* **El júbilo:** Bergamota, lavanda, neroli, vainilla.

* **La adivinación:** Alcanfor, clavo, naranja.

* **La proyección astral:** Benjuí, canela, jazmín, sándalo.

* **Disipar la energía negativa y los espíritus:** Albahaca, clavo, copal, olíbano, enebro, mirra, menta piperita, pino, romero, *Polygonatum,* verbena, milenrama.

* **La protección:** Anís, laurel, pimienta negra, madera de cedro, clavo, copal, ciprés, eucalipto, olíbano, enebro, lavanda, lima, mirra, geranio, sándalo, vetiver.

* **El encantamiento:** Ámbar, manzana, jengibre, naranja tangerina.

El incensario

Un incensario es un quemador de incienso y denota los elementos del aire y del fuego. Coloca tu incienso en el centro exacto de tu altar. El incienso es una forma de bendecir tu espacio y también de purificar con el humo sagrado: tus herramientas, tu círculo ritual y tu mente. El aroma evocador y el suave y ondulante humo te transportarán sensorialmente. Hoy en día, hay una variedad increíble de quemadores de incienso, así que sigue tus instintos en relación a qué va mejor para el altar de tu cocina; un dragón humeante o una diosa sosteniendo las brasas ardientes aportaría mucho a la energía de tu altar.

Es buena idea probar tu incienso antes de usarlo en un ritual, especialmente antes de organizar un grupo de círculo, para comprobar cuánto humo produce y así evitar problemas; lo mejor es consultar a los participantes para asegurarte de que nadie tiene intolerancias especiales. Una de las personas a las que más quiero tiene migrañas cuando se usa ámbar de cualquier forma, ya sea velas, aceites o incienso. Si ves que no puedes quemar incienso por alguna razón, usa otro símbolo del aire en su lugar: plumas, popurrí, flores frescas o hasta un abanico de papel.

El incienso en sí contiene energías inherentes que puedes usar para mejorar tu propósito y darle más poder a tu objetivo mágico. Experimentando, preguntando a maestras y observando la magia en ac-

ción, he aprendido mucho sobre diferentes tipos de incienso –suelto, conos, varillas y cilindros–. Así como sobre cuáles son los mejores tipos de hierbas a emplear. A continuación tienes dos de mis recetas favoritas de incienso.

HERRAMIENTAS DE PODER PAGANAS DEL SIGLO XXI

Para remesas enormes de incienso, usa una picadora o un procesador de alimentos. Esta aproximación «pagana moderna» te ahorrará mucho tiempo y trabajo. Esto puede ser realmente práctico cuando estés preparando las festividades solemnes con grupos grandes o regalos para amistades brujeriles.

Incienso del círculo

4 partes de olíbano
2 partes de mirra
2 partes de benjuí
1 parte de sándalo
1 parte de canela
1 parte de pétalos de rosa
1 parte de verbena
1 parte de romero
1 parte de hojas de laurel
1 parte de piel de naranja

Este incienso ayudará significativamente a formar la esfera de energía que constituye el círculo ritual (*véase* página 25). En mis recetas, cada parte corresponde a una cucharadita colmada, aunque puedes cambiarlo si estás haciendo remesas más grandes. La clave de un buen incienso es una molienda muy fina de todos los ingredientes, así que deberías añadir un mortero a tu cocina si planeas preparar incienso en cantidad.

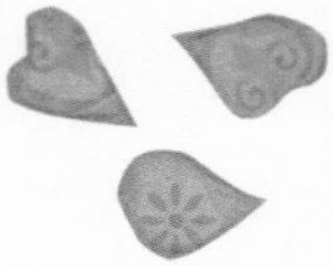

Incienso limpiador

3 partes de mirra
3 partes de copal
3 partes de olíbano
1 parte de sándalo

Esta mezcla óptima de esencias purifica tu casa o espacio sagrado de trabajo. Derrotarás a las energías negativas y el camino para los rituales quedará despejado. Abre ventanas y puertas cuando quemes este incienso limpiador a fin de que lo malo salga hacia fuera y se disipe. Es recomendable usar esta receta si ha habido discusiones o cualquier trastorno en tu hogar. Con este incienso puedes crear un santuario.

Libro de las sombras

Aquí tenemos el registro de recetas de tu cocina de bruja, un libro mayor para todos tus trabajos mágicos; incluyendo hechizos, rituales y resultados. Es el diario de todo lo practicado y forjado, así como de tu investigación. ¿Son tus hechizos más efectivos cuando la Luna nueva está en los signos de agua de Cáncer, Piscis, o Escorpio? Eso podría ser algo que te ocurre en exclusiva, y a medida que alcanzas esos descubrimientos importantes, deberías anotarlos en tu libro de las sombras para conocer tu auténtico poder, que has ido poniendo a prueba con el tiempo. Ahora bien, esto no es sólo un libro mayor, es un documento viviente aplicable a tus próximos trabajos mágicos, e incluso te ayudará a diseñar hechizos y recetas rituales. Toda la astrología, tradiciones herbales, propiedades de los cristales, signos lunares e información estacional entrará en juego a medida que experimentes y descubras qué te va mejor. Por tener mi propio libro de las sombras, pude concluir que el momento en que la Luna nueva está en Piscis es un instante superpoderoso para mis hechizos.

Éste es un libro al que volverás una vez tras otra, y tu libro de las sombras debería resultarte muy atractivo. Puede ser un volumen esplendido, de papel artesanal y con una encuadernación única, o puede un sencillo archivador de anillas. Lo que te sea más útil.

Cerrando el círculo

«El corazón humano anhela lo ritual, sentirse intensamente vivo y completo. Debemos participar en ritos iniciáticos».

Capítulo 3

Hechizos suculentos para comidas mágicas

Preparar y compartir comida puede ser algo ceremonial, ya sea en una noche de martes, en una reunión escolar o durante los festivales de la estación. Sirviéndose de la hechicería de cocina, un simple cuenco con una sabrosa sopa puede equivaler a un banquete Samhain; los ingredientes, los aspectos astrológicos, las fases lunares, las palabras pronunciadas y tu propósito hacen que así sea. Cocinar es un acto mágico, y servir a tu familia y a tus amigos es servir a los dioses. Utilizar e ir aprendiendo las propiedades de ciertas hierbas, especias e ingredientes a medida que practicas este arte culinario sagrado es una enorme fuente de felicidad que pasarás a todos los comensales de tu mesa.

La gastronomía mágica

La cocina es el corazón de todo hogar. No importa cómo de bonita sea la decoración de salones, de salitas de estar, y de guaridas; la gente gravita directamente hacia la cocina. ¿Por qué? ¡En las cocinas ocurre la magia! La comida se hace aquí y, junto con ella, se reparte amor en raciones bien colmadas. Con la hechicería de cocina, las recetas y las preparaciones se meten en el terreno de la hechicería, confeccionándose curas sacadas directamente de la alacena, preservándose y conservándose comida cultivada en el jardín, secándose hierbas para tés y para cocinar y desatándose el poder de la despensa. Al crear comestibles encantados, podemos usar los mejores y más frescos ingredientes para tener platos robustos y saludables, pero también podemos añadir ingredientes muy especiales que incorporan nuestro propósito mágico en concordancia con el calendario celestial y emplear los ingredientes que ofrezcan las propiedades deseadas.

Como dijo el gran maestro wiccano Scott Cunningham: «Puesto que los limones se han utilizado durante siglos en rituales de purificación, ¿acaso no podemos hornear un pastel de limón y asimilar sus energías limpiadoras?».

Tuve la gran suerte de crecer en una granja, en el campo. Mucho de lo que sé, lo aprendí de mi tía brujeril: qué hierbas recolectar en la naturaleza, qué alimentos cocinar para obtener amor, dinero, suerte y salud, y para celebrar las fiestas más solemnes. Es emocionante ir al jardín, al supermercado o a un mercado de productores y traer al hogar los ingredientes para obtener cambios positivos en la vida. Además de los secretos de la cocina mágica, aprendí de esta sabia mujer que la primera tarea que hay que emprender es limpiar tu cocina y purificarla. Si hay que reparar algo, hazlo. Cualquier utensilio, cacerolas o sartenes que estén abolladas puedes donarlas. Si las cortinas de tu cocina te parecen cutres, haz unas o compra unas nuevas. Si hay un saco de arroz o de habas que se han echado a perder, compóstalo. Deberías limpiar el espacio donde cocines en el sentido práctico y también en el sentido mágico. Prepara tu cocina para usarla con propósitos mágicos.

Sopa de hierbas de la Luna de cosecha

Una vez que el equinoccio de septiembre señala el cambio estacional del verano al otoño, deberías empezar a preparar ollas de esta comida de temporada; un plato del gusto de todos. Esta sopa otoñal es muy placentera para la cocinera, ya que puede ser una cena rápida, tendrá sobras para comer y se puede congelar para menús sobre la marcha. Es sencilla y deliciosa. En las vísperas de la primera Luna de otoño, reúne los ingredientes y prepárala. Refrigérala toda la noche y los sabores «se casarán» intensificándose y será una cena aún más sabrosa que servir a tus seres queridos la noche de la Luna de la cosecha.

En una sartén grande (mejor una que uses con frecuencia) fríe los puerros en aceite de oliva hasta que estén blandos y translúcidos. Añade el ajo picado y cocínalo hasta que también se ablande y aromatice maravillosamente tu cocina. Pásalos a una olla (aceite incluido), añade el agua y caliéntala llevándola a ebullición. Añade las

3 puerros grandes, cortados en rodajas finas

60 ml de aceite virgen de oliva

2 dientes de ajo frescos, picados

2 litros de agua

1 calabaza, pelada, sin las semillas y rallada bien gruesa

1 zanahoria, cortada en rodajas finas

4 patatas grandes ricas en almidón o boniatos pelados y cortados en trozos pequeños, del tamaño de una cuchara

5 g de salvia fresca, picada muy fina

10 g de cebollino fresco, picado muy fino

Sal y pimienta

¼ de cucharadita de sal de apio

Raciones: 8

verduras y las hierbas, y baja el fuego y deja cocer 45 minutos. Comprueba si las patatas están lo suficientemente blandas, hazlo majándolas con una cuchara de madera. Si aún están un poco duras, cuécela 5 minutos más. Baja el fuego muy lentamente, y luego sazónalo con sal y pimienta. Añade la sal de apio como último elemento de la abundancia del año. Sírvelo en cuencos de barro, de madera o de cerámica a la luz de una vela marrón o amarilla. Un pedazo de pan casero sería el acompañamiento estacional ideal.

Scones* sabrosas gota de Luna

125 g de harina de trigo (normal)

¼ de cucharadita de bicarbonato de sodio

1 cucharadita de levadura en polvo

¼ de cucharadita de sal

3 cucharadas (40 g) de mantequilla sin sal

160 ml de suero de mantequilla

Prepara 10 scones

Sírvelos humeando recién sacados del horno; ésta es una remesa de diez deliciosos scones. Y lo mejor, son drop biscuits; no hace falta estirar y cortar la masa. Si tienes más de cinco personas para cenar, duplica los ingredientes. Estos scones gota de Luna son excelentes para mojarlos en la sopa y los estofados.

Precalienta el horno a 230 °C. En un cuenco mediano, combina la harina, el bicarbonato de sodio, la levadura en polvo y la sal. Mézclalo batiéndolo suavemente. Con dos cuchillos, corta la mantequilla e incorpórala hasta que la mezcla parezca una comida tosca. Añade el suero de mantequilla y remuévelo hasta tener una buena masa, aunque no lo remuevas en exceso. Suelta cucharadas colmadas de la mezcla sobre un papel de horno aceitado; pon los scones separados a 5 cm de distancia. Hornéalos 12 minutos y sácalos cuando estén bien dorados.

---

* Panecillo redondo tradicional originario de Escocia. Según la fuente y el tipo de scone mencionado, a veces de lo define como una galleta. (N. de la T.)

PERMITE QUE EL CIELO NOCTURNO SEA TU GUÍA

En el arte de la hechicería de cocina, contar con una fase lunar apropiada es esencial para la hechicería. La Luna creciente es la época para desmantelar obstáculos personales y ponerles fin. La Luna nueva es el momento propicio para un nuevo comienzo. Durante su fase creciente, la Luna crece continuamente y eso es beneficioso para la fructificación de un hechizo. La Luna llena es una gran maestra con un mensaje especial para cada mes.

Las tradiciones lunares

Muchos de los nombres que le damos a la Luna llena provienen de libros medievales de horas y también de la tradición de los nativos americanos. Aquí tienes una lista de nombres poco comunes procedentes de ambas tradiciones que quizá quieras usar en tus rituales lunares.

* **Enero:** Luna vieja, Luna casta; esta fiera Luna del lobo es el momento de reconocer tu fortaleza de espíritu.

* **Febrero:** Luna del hambre; la fría Luna de la nieve es para la visión personal y establecer propósitos.

* **Marzo:** Luna de la corteza, Luna de azúcar; la gentil Luna de la savia es el heraldo del fin del invierno y del renacimiento de la naturaleza.

* **Abril:** Luna de los nuevos brotes, Luna del huevo, Luna del pez; la dulce Luna rosa de la primavera celebra la salud y la fuerza vital plena.

* **Mayo:** Luna de leche, Luna de plantación del maíz, Luna de la díada; la Luna de las flores provee inspiración con la floración de la belleza.

* **Junio:** Luna de Hor, Luna rosa; la Luna de fresa es un heraldo del solsticio de verano y sostiene el poder del Sol.

* **Julio:** Luna de ciervo, Luna de heno; la Luna del trueno nos baña con lluvias y tormentas que limpian.

* **Agosto:** Luna de cebada, Luna de Wyrt, Luna de esturión; el verano nos obsequia con la Luna roja, un momento para la pasión y la alegría de vivir.

* **Septiembre:** Luna de maíz, Luna de vino; la Luna llena de la cosecha de otoño es el momento de ser agradecido y de cosechar lo que hemos sembrado.

* **Octubre:** Luna de la hierba mortecina, Luna de viaje, Luna de sangre, Luna de las estaciones cambiantes; cuando se da la Luna del cazador planeamos y almacenamos para el invierno que tenemos por delante.

* **Noviembre:** Luna de escarcha, Luna de nieve; la Luna del castor es el momento de invocar nuestra auténtica naturaleza salvaje.

* **Diciembre:** Luna fría, Luna del roble; ésta es la noche más ligera del día más corto y es el momento de reunir a la tribu alrededor del fuego y compartir historias sobre la buena vida juntos.

La magia de mayo: Invocación a la Luna de las flores

La fase lunar de mayor plenitud puede ser la época para la magia más grandiosa; puedes conjurar lo que desee tu corazón y encarar las «grandes cosas» de la vida. Tanto un problema que resolver como una transición importante en la vida (como buscar un nuevo trabajo u hogar); cualquier cosa que desees de verdad. Esta espléndida Luna primaveral de las flores proporciona una oportunidad óptima para esforzarse por algo nuevo, para iniciar una fase de transformación en tu vida que permanecerá largo tiempo después de que la Luna llena se oscurezca. Esta invocación honra a la estación de la primavera, plantando las semillas de un cambio positivo en tu vida que florecerá en los años venideros. Empieza reuniendo manzanas rojas y verdes, velas de esos mismos colores, unos granos de maíz de siembra de una tienda de jardinería o de comestibles ecológicos. Y también tres tallos de lavanda y una larga hebra de flor nocturna de jazmín. Deja estas ofrendas en tu altar todo el día.

Mediante el poder de la tierra y el aire,
el agua y el fuego.
Mientras muerdo esta fruta del conocimiento,
me siento inspirada.
Tengo todas las posibilidades ante mí. Y así es.

Cuando la Luna llena de mayo alcance el punto más alto del cielo nocturno, enciende la vela roja y la vela verde en tu altar de cocina. Enrolla el jazmín y la lavanda formando una corona para tu cabeza, mientras inhalas el encantador aroma de las flores. Durante 3 minutos, visualiza el cambio deseado para este hechizo. Sosteniendo una manzana en cada mano, pronuncia el hechizo de la izquierda mientras das 3 vueltas en el sentido de las agujas del reloj alrededor del altar iluminado con las velas.

Come de las dos manzanas hasta quedarte satisfecha, y luego entierra las semillas del maíz y los corazones cerca de la puerta de tu cocina o en la esquina derecha más alejada de tu jardín. Con las lluvias primaverales, tus propósitos se harán realidad. En la Luna llena de otoño, con una gran gratitud, cosecharás la abundancia del cambio fruto de este hechizo.

Perfección de pesto de albahaca

Esta receta es simplemente riquísima y todo un chollo. Puedes hacerte con un manojo bien hermoso de hojas de albahaca de tu jardín de la cocina o de la verdulería.

Lava las hojas en agua fría y ponlas sobre un paño para que se sequen al aire. Mete en el horno los piñones y el ajo sobre un papel de horno a 190 °C durante 5-10 minutos o hasta que los piñones empiecen a dorarse ligeramente. Eso sí, no esperes a que se pongan marrones.

Coloca los piñones y el ajo en una picadora o en un procesador de alimentos junto al parmesano. Antes de poner la tapa en su sitio, corta el limón por la mitad, exprime una buena cantidad de zumo fresco y añade una pizca saludable de sal marina. Mézclalo hasta que tengas una preciosa salsa de pesto verde que puedes poner en cualquier cosa. ¡El pesto perfecto listo en sólo 10 minutos!

Basándonos en los beneficios de esta hierba, éste podría ser el plato perfecto que servir después de una semana emocionalmente dura, ya que brinda paz. También es bueno para la noche de una cita o para cuando te haga falta elaborar algo que atraiga unos buenos ingresos económicos. Hierve una olla de pasta mientras estás confeccionando la bienaventurada albahaca y tendrás sobre la mesa una cena opípara entre semana para la familia tan deprisa, ¡que estarán seguros de que estás recurriendo a la brujería!

2 tazas (100 g) de hojas de albahaca fresca

70 g de piñones

3 dientes de ajo, pelados

50 g de queso parmesano, rallado

Zumo de ½ limón fresco

Sal marina

Raciones: 6

Ritual de la abundancia con albahaca

De mano generosa y bálsamo saludable,
bendita albahaca, la hierba más verde,
bríndame salud y corazón y calma,
la abundancia veré a través de cada
obra y verbo.
Y así es.

Toma unas ramitas de albahaca antes de ponerte a cocinar y ponlas en un cuenco verde en tu altar de cocina. Hierve agua como si fueras a hacer un té, viértela sobre la hierba del cuenco. Ahora entona el hechizo de inspiración medieval de la izquierda.

Inspira el vapor del cuenco de albahaca y llena tus pulmones del aroma de la prosperidad. Repite el hechizo de nuevo, y luego deja el cuenco de albahaca en tu altar 24 horas. Tus pensamientos no sólo se aclararán, sino que también empezarás a apreciar signos de cómo aumenta tu riqueza en una semana. Con la albahaca floreciendo en tus macetas, tendrás lista una fuente rebosante de energía económica positiva.

Sabrosos pasteles de Luna de boniato

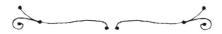

2 boniatos grandes semicocidos,
    pelados y rallados

1 zanahoria grande, rallada

3 huevos

½ cucharada de romero seco

½ cucharada de salvia seca

120 ml de aceite de oliva

240 ml de yogur natural
    ecológico

Cebollinos frescos

Prepara 8 pasteles de Luna

Sustanciosas y supersaludables, esas tortitas constituyen una comida maravillosa en una Luna llena. Los boniatos son sumamente beneficiosos para la salud femenina y contienen estrógenos. Son buenos para tu interior y tu exterior, ya que también estimulan tu piel. Pero su magia principal para todo el mundo es que son un vehículo para enraizarse. Esta comida te irá de perlas cuando estés ausente o indispuesta o distraída.

Mezcla los boniatos y la zanahoria en un cuenco grande. Bate los huevos, añádelos a la mezcla de verduras y mézclalo todo concienzudamente. Muele el romero y la salvia muy finos en tu mortero. Añade las hierbas a las verduras, y añade sal y pimienta al gusto. Forma unas bolas redondas, suficientemente grandes para obtener ocho pasteles. Calienta el aceite poco a poco en una sartén hasta que esté bien caliente. Deposita las bolas en el aceite y aplánalas con una espátula. Cocínalas 8 minutos por cada lado o hasta que se doren bien y empiecen a estar crujientes por ambos lados. Emplátalas y cúbrelas con yogur y cebollino ecológicos. Si te sientes espléndida, échale crema agria y disfrútalo con un círculo de amigos bajo el brillo de una brillante y sagrada Luna.

Ensalada de patata y perejil

Aunque, en cierta forma, el perejil se ha convertido en una mera guarnición, en realidad es perfecto para una fiesta, dado que está gobernado por Mercurio y Venus, y brinda elocuencia y un encanto añadido. Y un extra; ayuda a reducir la embriaguez y refresca el aliento eficazmente. Las patatas centran y denotan el próspero principio del equilibrio. Las patatas céreas, así como las patatas nuevas, son óptimas. Especialmente las que tú hayas plantado. Si bien las patatas harinosas también van bien. Esta ensalada no debería esperar a que lleguen los pícnics y las fiestas, es maravillosa para cualquier comida y también es bastante económica.

Hierve las patatas cortadas en dados en una sartén con agua durante 20 minutos, luego escúrrelas. Mientras las patatas se van enfriando, colócalas en un cuenco grande y añádeles la cebolla. Bate el limón, el vinagre, la mostaza y el azúcar juntos, y vierte el aceite de oliva en la mezcla poco a poco. Vierte la mayoría de las hierbas y el aliño sobre las patatas (aún calientes) y remuévelas hasta que el aliño quede bien mezclado. Sazónalo al gusto y cúbrelo con las hierbas restantes. Este plato de sabor encantador es un recordatorio de cómo la tierra nos mantiene a todos.

6 patatas grandes bien limpias, en dados (con piel, para que tengan más nutrientes)

1 cebolla roja grande, picada muy fina

Zumo de 1 limón

2 cucharadas de vinagre de sidra de manzana

4 cucharadas de mostaza

1 cucharada de azúcar

180 ml de aceite de oliva

20 g de cada de perejil y cebollino frescos (un buen puñado procedente del jardín)

Raciones: 6

Asado de frutos secos paz y amor

1 cebolla blanca, picada

55 g de mantequilla sin sal

280 g de frutos secos

225 g de pan del día anterior

350 ml de caldo de verduras

1 cucharadita de salvia seca

Sal y pimienta

Salsa de soja o salsa tamari

Raciones: 10

Los frutos secos son de lo más saludable que los seres humanos podemos comer; están cargados de proteínas y de aceites beneficiosos, y son muy sabrosos. Este asado de frutos secos que apenas da trabajo es un gran aperitivo para noches cinéfilas en tu hogar, para fiestas y es un delicioso tentempié para las comidas especiales.

Precalienta el horno a 180 °C. Saltea la cebolla en la mantequilla hasta que se ablande. Mezcla bien los frutos secos junto al pan en un procesador de alimentos, y luego pásalo todo a un cuenco grande. Calienta el caldo hasta que hierva y viértelo en la mezcla del cuenco. Añade la cebolla y mézclala. Sazónalo como prefieras con salvia, sal, y pimienta. Échale una cucharada de salsa de soja o salsa tamari para darle sabor y remuévelo una última vez. Con una cuchara, vierte la mezcla del asado en una fuente de horno engrasada de 38 x 25 x 5 cm y hornéalo 30 minutos. Fíjate en cómo tu cocina se llena de un aroma fantástico. Al calentarlos, los frutos secos extraen sus aceites naturales aún más e intensifican su sabor. Al igual que las hierbas y las flores, los frutos secos tienen propiedades mágicas que ayudan a incrementar el amor y también a sentir cordialidad y paz; de ahí el nombre del plato. Cuando lo sirvas, literalmente «compartes amor».

Rito de conexión

Antes de disfrutar de este menú amistoso juntos, agarraos de las manos y recitad:

Hermana, hermano, tribu del alma, aquellos que importan.
Jovial mayo, nos encontramos de nuevo para compartir.
Compartiendo pan y bebiendo hidromiel
nos acercamos de palabra y de obra.
¡Bendiciones de amor para todos!

Sopa nutritiva de ortiga mayor

La ortiga mayor es una hierba predilecta para las brujas de cerco por sus cualidades medicinales; brinda buen ánimo y es útil rompiendo maleficios. También se la puede usar como la col rizada o como el berro de agua. Mujeres sabias la han considerado un superalimento durante siglos y la han usado como tal; está repleta de vitamina A, de hierro y de proteínas. Se cosechan en primavera, cuando son jóvenes, si bien en la cocina son excelentes durante todo el año y tienen un sabor asombrosamente delicado. Son otro género de plantas generosos, ya que brotan y se resiembran a sí mismas como auténticos obsequios de la Madre Tierra que son. Prueba esta vieja receta y pronto recogerás ortiga mayor por la naturaleza para disfrutar de esta comida medieval en todo momento. Precaución: se dice que las ortigas mayores son «urticantes» con razón; ponte guantes de goma para trabajar con ellas de un modo seguro.

Empieza cocinando las alubias prerremojadas en una cacerola grande con agua suficiente como para cubrirlas. Una vez que hiervan, déjalas cocinándose a fuego lento. Vigílalas mientras fríes las cebollas y el ajo en aceite de oliva en una sartén hasta que queden transparentes. Añade a las alubias el agua que necesiten y cuécelas durante 35 minutos o hasta que se hayan ablandado; ahora añade el caldo de verdura o el agua con levadura.

Añade el ajo y las cebollas pochadas a la olla de alubias y cuécelo todo a fuego suave 25 minutos. Añade la ortiga mayor y cuécelo 30 minutos más. Sazónala al gusto y comparte esta sopa nutritiva. Asegúrate de agradecerle a los espíritus guardianes de la tierra que te obsequien con estas grandiosas verduras.

165 g de alubias carillas (ojo de liebre), lavadas y remojadas en agua toda la noche

3 cebollas amarillas, picadas

2 dientes de ajo, picados

60 ml de aceite de oliva

720 ml de caldo de verduras

200 g de ortiga mayor, lavada meticulosamente descartando los tallos más duros, picada

Sal de apio, sal y pimienta

Raciones: 8

✳

UN CALDO ECONÓMICO

Comprar caldo precocinado en el supermercado puede ser muy caro. Puedes ahorrarte mucho dinero disolviendo una cucharada de levadura en 720 ml de agua caliente para conseguir una base deliciosa para sopas y estofados. Esta receta no cuesta casi nada.

Las verduras de la diosa

150 g de col rizada o acelgas
frescas (se sugiere
acompañarlo de ortiga mayor)

2 dientes de ajo pequeños

2 cucharadas de aceite de oliva

2 cucharadas de copos de chile
rojo, más ½ cucharadita para
decorar

1 cucharada de vinagre de sidra
de manzana

Sal de ajo

Raciones: 6

Este plato debería ser la elección de toda jardinera que tenga un manojo enorme de espléndidas verduras.

Lava las verduras meticulosamente, trocéalas y resérvalas. Pela y maja los dientes de ajo. Calienta el aceite de oliva en una sartén, y fríe el ajo y los copos de chile. Añade las verduras picadas y remuévelo bien. Cubre la sartén, baja el fuego y remueve cada pocos minutos. Cuando las verduras se hayan ablandado a tu gusto, añade una cucharada de vinagre de sidra de manzana y una buena pizca de sal de ajo. Remuévelo enérgicamente tres veces en sentido contrario a las agujas del reloj y rézale a la gran diosa de la cocina que nos provee de todo lo que tenemos. Retíralo del fuego. Levanta la tapa y añade media cucharadita de copos de chile. Sírvele este plato de verduras bendecidas por la diosa a gente que afirma que detesta las verduras y deleitarás y sorprenderás a unos cuantos. Prepárate para que te pidan la receta sin parar. Cada vez que compartas el plato (o la receta), estarás compartiendo los obsequios de la diosa directamente.

Invoca a la diosa de la cocina

Ceres, la gran diosa romana de la tierra, es una excelente guardiana del jardín y de la despensa; cada vez que le pones un cuenco de cereales a tu ser querido, la invocas. La Cerealia es un antiguo festival estival en su honor del sur de Europa, que celebra la profusión de los cultivos que ella traerá de los campos. Cualquier ceremonia para plantar, cultivar y cocinar puede involucrar a esta portadora de abundancia. Si vas a plantar un jardín mágico, elabora un ritual con Ceres, monta un altar dedicado a esta diosa del grano y, madre mía, ¡cómo llegará a crecer tu jardín! Cuando coseches y cocines algo que hayas cultivado, muéstrale tu agradecimiento con una plegaria.

Arroz potenciado con puerro

Mientras el invierno se deshiela en primavera, los bulbos son los primeros en trabajar para traer la nueva estación. Una comida anticuada que ahora es muy popular son los puerros silvestres, originariamente dominio de montañeses y de campesinas. Hasta a los chefs urbanitas más sofisticados les encantan los puerros silvestres, similares a los puerros e intercambiables los unos por los otros en las recetas. Los puerros silvestres son más acres. La belleza de la receta es que se cocina en 20 minutos. Este plato del cambio de estación combina un arroz tipo risotto con un precursor de la primavera con resultados encantadores. Las ancianas y las brujas de hogar que estudiaron los puerros silvestres en primer lugar creían que esta verdura medicinal evita resfriados y gripes.

En una sartén gruesa, funde la mantequilla a fuego medio. Echa los bulbos de los puerros cortados y cocínalos 3-5 minutos hasta que se ablanden, removiéndolos suavemente. Añade el arroz a la sartén, remuévelo mezclándolo bien con la mantequilla y los puerros, y deja el arroz pegajoso con la mantequilla. Pasados 2 minutos, añade el caldo de pollo, la sal y la pimienta de cayena, y remuévelo meticulosamente. Llévalo a ebullición, remuévelo tres veces hacia la izquierda, baja el fuego y cuécelo 20 minutos. En ese punto, el arroz debería haber absorbido el líquido. Apaga el fuego y añade la mitad de las hojas de puerro silvestre picadas al arroz. Echa el arroz terminado en un cuenco y decóralo por encima con las hojas picadas restantes.

Antes de que tú y tus invitados empecéis, haced una pausa e inhalad las sabrosas verduras medicinales. Ésta es una ocasión para compartir historias sobre las mujeres sabias y las maestras de tu vida, y honrar todo lo que han transmitido.

3 cucharadas de mantequilla sin sal

75 g de bulbos de puerro silvestre cortados en rodajas

280 g de arroz de grano largo

720 ml de caldo de pollo ecológico sin sal

Sal

1 cucharadita de pimienta de cayena

120 ml* de hojas de puerro silvestre bien picadas

Raciones: 6

---

* En el propio original se indica la medida ½ taza (120 ml). No se da la proporción en gramos. (N. de la T.)

Pastel de carne de la bruja

4-5 patatas, hervidas

1 cucharada de mantequilla sin sal

Leche

Sal y pimienta

2 cucharadas de aceite de oliva

1 cebolla amarilla, troceada

450 g de carne picada de
  ternera, o proteína de soja
  para las opciones sin carne

120 g de zanahorias, cortadas
  en rodajas

75 g de champiñones, cortadas
  en rodajas

150 g de tomates cherry (o 400 g
  de tomates triturados)

Hierbas como perejil, salvia o
  romero (troceadas)

45 g de queso cheddar, rallado

Raciones: 8

Esta es una comida reconfortante pagana a más no poder, y es muy saciante y festiva. Muchas brujas de cocina somos madres trabajadoras con una agenda muy apretada, de modo que este plato que la familia adora es genial para el doble de cantidad. Prepara una parte para servirla ardiendo recién horneada y congela la segunda para recalentarla y tomarla después de la escuela y del trabajo.

Precalienta el horno a 190°C. Maja las patatas junto con la mantequilla, añadiendo un poco de leche hasta obtener la consistencia deseada. Añade sal y pimienta al gusto y, ¡procura que tenga cumbres que muestren un impresionante paisaje!

Calienta el aceite de oliva poco a poco en una sartén, cocina las cebollas hasta que se ablanden, y luego incorpora y cocina la carne o la proteína vegetal. Al final, añade las zanahorias, las setas y los tomates, y cocínalo bien. Sazónalo con sal y pimienta al gusto y añade tus hierbas favoritas –perejil, salvia, romero–; cualquiera que desee tu corazón.

Trasládalo a una fuente aceitada de 2,7 litros (33 x 23 x 5 cm) y extiéndelo uniformemente. Espolvorea el queso rallado por encima. Finalmente, cúbrelo con el puré de patatas, creando picos y valles. Espolvorea una pizca de perejil y cebollino por encima, y métalo en el horno 15 minutos. Una vez que empiece a tomar un bonito dorado, sácalo del horno. Sirve este sustancioso pastel en cuencos acompañado de una crujiente ensalada de hortalizas cultivadas en casa y deja que su calidez funda las cuestiones mundanas. Es bueno para cualquier día de la semana y también es tan impresionante como para hornearlo para las fiestas más solemnes.

Quiche mágico de setas

5 huevos

120 ml de leche

Sal y pimienta

85 g de queso rallado a elección de la cocinera: cheddar, suizo u otro que la familia prefiera

75 g de champiñones, cortados en rodajas

Hojaldre precocinado que recubra un molde para pastel engrasado de 24 cm o una base para quiche (se puede comprar en una tienda o hacerlo a mano, dependiendo del tiempo tengas)

Ramitas de romero fresco

Raciones: 6

Éste puede ser un plato principal servido con una ensalada verde, o un desayuno caliente, o un *brunch* riquísimo acompañado de fruta. Prepara dos y tus opciones para el fin de semana quedarán deliciosamente abiertas. Puedes añadir verduras como ortiga mayor, espinacas o cebollino para añadirle más color y nutrientes a tu comida.

Precalienta tu horno a 190 °C. Bate los huevos y la leche juntos y sazona la mezcla con sal y pimienta. Incorpora el queso rallado, añade las setas y remuévelo. Vierte la mezcla en la base para quiche y métela en el horno 35 minutos. Cuando la parte de arriba se dore bien, sácala del horno y deja que se enfríe. Remátalo con ramitas de aromático romero fresco de tu jardín de bruja.

COSECHA TU SALUD

¿Qué hace que las setas sean tan mágicas? Los champiñones son una fuente maravillosa que proporciona quince vitaminas, minerales y fitonutrientes antioxidantes distintos. Incluso se ha reportado que es un alimento anticancerígeno y que ayuda a reducir el colesterol alto. Efectivamente, ¡son poderosamente mágicos!

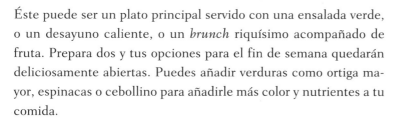

Cerrando el círculo

«Una bruja de cocina que prepara una comida ritual para su círculo, está participando en una de las formas más antiguas de encantamiento aprovechando las energías contenidas en cada ingrediente y cocinando con propósitos sagrados».

Capítulo 4

Elaborando bendiciones

Las elaboraciones e infusiones de una bruja son unas de las facetas más importantes de la magia doméstica. Esos tónicos comprenden varios tipos de té, de vinos, de sidras y de refrigerios. Así como tinturas medicinales, tisanas, infusiones y vinagres de hierbas. Tu jardín desarrolla plantas, hierbas y frutas que son la fuente de deliciosas bebidas y de brebajes medicinales. Los cuales son el mismísimo corazón de la hechicería de cocina. Una despensa repleta de botellas de preparaciones elaboradas con tus propias manos será una fuente constante de deleite para ti y para tu círculo.

Un tazón de magia

Los británicos y las brujas de la cocina tienen una cosa en común: creen que una buena taza de té arregla casi cualquier cosa. Y es cierto, penas, cefaleas y toda clase de dolencias parecen disiparse en el vapor que se eleva por el pico de la tetera. Con un manojo de hierbas y un caldero lleno de sabiduría brujeril, una gran sanación puede ser fruto de una tacita de té. En cuanto le pilles el tranquillo, prepararás infusiones simples, digestivos, tisanas, tónicos, tinturas y otros brebajes que se pueden crear en casa. Éste es uno de los aspectos más encantadores de la hechicería de cocina, ya que estas recetas suelen ser bastante fáciles siempre y cuando tengas los ingredientes apropiados. Marcan la diferencia del mundo tras un largo día en la oficina; puedes disfrutarlas en solitario y también compartirlas para obtener los máximos efectos. Embotelladas y etiquetadas a mano, estas pociones también serán regalos significativos que se recordarán durante largo tiempo por ser detallistas, así como por el deleite y confort recibidos. Prepárate para elaborar júbilo en cantidad.

Las infusiones simples

Los tés de una sola hierba se suelen llamar «infusiones simples», un término encantador procedente de los viejos tiempos. La experiencia me ha enseñado que las infusiones simples a menudo tienen la potencia más elevada; la pureza de la esencia de esa única planta se abre paso sin diluirse. Este libro contiene infinidad de hierbas con las que puedes elaborar infusiones simples sabrosas, útiles y medicinales. Aunque la milenrama deberías infusionarla con regularidad. Hierve 590 ml de agua mineral. Pon 15 ml* de milenrama seca en tu olla de barro favorita y vierte encima el agua. Infusiónalo 10 minutos y cuélalo con un colador que no sea metálico; por ejemplo, un filtro de bambú o una tela de quesería. Endúlzala con miel; la miel de trébol intensifica su positividad y la convierte en una bebida sumamente afortunada. La milenrama brinda coraje, corazón y es una medicina importante. Esos aspectos hacen que la milenrama sea una de las infusiones simples que más fortalecen.

---

* En el propio original se indica la medida 15 ml. No se da la medida en gramos. (N. de la T.)

Ritual del júbilo con jazmín

El té de jazmín es un brebaje encantador, y crea un aura de gozo y cordialidad. Está disponible en tiendas o proveedores de productos ecológicos, aunque cultivado en casa es aún mejor. Infusiona una taza de té de jazmín y deja que se enfríe. Añade dos partes de limonada por una parte de té y tómate la mezcla con un buen amigo. El jazmín es una enredadera y representa la interrelación entre la gente. Estarás más unido con quien compartas este dulce ritual.

También es un tónico que disfrutar cuando estés sola. Yo recomiendo infusionarlo cada lunes, «el día de la Luna», para asegurarte de que cada semana está repleta de alegría. Mientras el té de jazmín reposa, reza:

En este día de la Luna de esta nueva semana,
invoco a los espíritus para que guíen el júbilo hasta mi puerta.
Por esta Luna de este día, invoco a Selene, diosa justa,
para mostrarme la mejor forma de vivir.
Por esto, estoy agradecida.
Bendita sea la infusión; bendita sea yo.

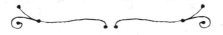

Empapados de sabiduría

Se pueden combinar varios tipos de té para crear un potente brebaje. Una tetera de té negro de tu tienda predilecta puede convertirse en una poción mágica añadiéndole una fina rodaja de raíz de jengibre y una pizca de manzanilla seca y otra de té de menta piperita. Esta infusión repleta de néctar puede calmar tempestades en el hogar o en el trabajo. Antes de tomarte una taza, reza:

En este día rezo por la calma y la serenidad de todos,
interior y exterior.
Dame la sabiduría para ver la belleza
de cada instante de vigilia.
Bendiciones en abundancia para todos mis conocidos.
Así sea.

Té de la jardinera

2 partes de equinácea seca

2 partes de manzanilla seca

1 parte de menta seca

1 parte de semillas de anís

1 parte de tomillo seco

Como sabes ahora, labrar tu parcelita, cosechar tus hierbas y verduras y desbrozar supone una cantidad de trabajo monumental. Sin duda, es una de las mayores alegrías de la vida. No obstante, un jardín próspero tiene como resultado molestias en la espalda y rodillas doloridas. Razón de más para tomar un té que revive, renueva y ofrece un alivio para las articulaciones doloridas.

Saca los ingredientes de tu almacén de hierbas secas y añade agua hirviendo. Deja que se infusionen; luego cuélalo en una taza. Una agradable taza caliente de este remedio te hará brincar de vuelta hacia el jardín para plantar más hierbas de las que conforman este encantador té. Vamos, relájate y disfruta. ¡Te lo mereces!

Té refrescante sueño de un día de verano

No todo té de hierbas queda bien con hielo, aunque éste de aquí tendrá a tu familia y a tus amigos clamando para que les pongas más. Reúne un puñado de estas hierbas secas:

1 parte de cada de hierba luisa, melisa, menta, manzanilla e hibisco
480 ml de zumo de melocotón
1 limón

Pon las hierbas en una tetera, vierte 1,5 litros de agua hirviendo y deja que se enfríe a temperatura ambiente. Viértelo en una jarra grande y añade zumo de melocotón hasta llenar dos tercios de la jarra. Agítalo y añade cubitos de hielo suficientes para llenar el recipiente. Corta el limón en rodajas y ponlo encima. Sírvelo, relájate y deja que te empiecen a llover cumplidos. Este brebaje afable es ideal para ocasiones especiales veraniegas, como, por ejemplo, la celebración del solsticio de verano.

Plegaria para honrar el verano

Para los festivales de verano, tales como el Solsticio de Verano* del 21 de junio (*véase* página 128), deberías honrar a las deidades que nos obsequian con tanta abundancia. Enciende velas amarillas y verdes en tu altar y en la mesa del festín y ofrece esta oración:

Oh, dama del verano,
que nos trae el Sol y las lluvias que brindan la vida,
ojalá cada cosecha traiga cultivos que llenarán nuestras tazas.
Los ríos y los océanos, los campos y las granjas son tuyos.
Hoy te honramos y te damos las gracias por todo lo que tenemos.
Te dedicamos este brindis, ¡benditos seamos!

---

* Por motivos religiosos, en instancias como estas, la autora emplea las mayúsculas al mencionar fenómenos que habitualmente no irían indicados de esta forma. (*N. de la T.*)

Vino de la adivinación de diente de león

400 g de flores de diente de león
recién recogidas y limpias
(sin tallos u hojas)

1 naranja y 1 limón, cortados en
rodajas finas

3,8 litros de agua (calentar hasta
llevar a ebullición)

1,35 kg de azúcar ecológica

1 trozo de pan seco

15 g de levadura en polvo

Lo que para una mujer es un hierbajo, para otra es un valioso secreto para una miríada de usos místicos: deliciosas verduras salteadas, ensaladas mixtas y tés terapéuticos, así como un tipo de vino muy especial. Hace siglos que las brujas de cerco saben que este robusto espécimen es útil para invocar a espíritus provechosos, disipar energía negativa y traer buena suerte. Uno de sus usos más importantes es la adivinación, convirtiendo este vino en un modo absolutamente encantador de predecir el futuro.

Deposita las flores en un cuenco grande resistente al calor; deposita las rodajas de naranja y de limón sobre las flores y vierte el agua caliente dentro. Cubre el cuenco con un trapo limpio y seco, y déjalo en la despensa 10 días. Cuela la mezcla en otro cuenco, agrega el azúcar y remuévela hasta disolverla. Tuesta el pan, esparce la levadura por encima y luego déjalo flotar sobre tu mezcla. Cúbrelo y déjalo reposar tres días más. Cuela el líquido, y composta el pan y cualquier resto de flores. Embotella tu vino de diente de león en botellas especiales para vino, tápalas con un corcho y etiquétalas. Ésta es una bebida maravillosa que puedes compartir durante los días festivos wiccanos o tomar siempre que necesites un presagio positivo.

Un vino visionario: In vino veritas

Se dice que las caléndulas otorgan poderes proféticos y mucho más; puedes preparar un vino usando la misma receta que el vino de diente de león (*véase* arriba), pero asegúrate de recoger las caléndulas cuando las flores se hayan abierto del todo por el calor y la luz del Sol. Tómate el vino de caléndula cuando desees tener visiones proféticas y anotarlas. Esto podría formar parte de un ritual anual para los años nuevos solares, también conocidos como cumpleaños. Celebra y conmemora esos sueños y visiones, ya que pueden desembocar en informaciones vitales; al fin y al cabo, en el vino está la verdad.

Tintura de tomillo

El jardín de la cocina de cada bruja debería estar regado de tomillo creciendo entre las losas del camino y entre las hileras de hierbas, colmando el aire con su magnífica esencia y su elegante belleza. Deberás mantener una buena cantidad en crecimiento y varios manojos secándose en un rincón oscuro de tu despensa en todo momento, puesto que esta planta produce una tintura extraordinariamente buena con diversos usos medicinales. También te sugiero que te abastezcas de una tela de muselina limpia o de una tela de quesería, de tarros grandes y de numerosas botellas de cristal coloreado y tarros de conserva con tapa para conservar tus elaboraciones.

Para hacer esta tintura, toma uno de los tarros grandes. Deposita el tomillo seco en el tarro y vierte el vinagre dentro con cuidado. Remuévelo bien y ciérralo herméticamente. Deposítalo en un estante oscuro y agítalo cada día. Al cabo de un mes, cuélalo con una muselina. Composta los residuos del tomillo en tu jardín y conserva la tintura en un tarro de cristal bonito.

Tener a mano esta ayuda herbal te será útil para enjuagues bucales, enjuagues capilares, baños rituales, e incluso puedes utilizarla para friegas en articulaciones y músculos doloridos. Para prepararte una taza de té de tomillo, añade una cucharadita de tintura en una taza de agua caliente, añade una cucharadita de miel, remuévelo y disfruta.

65 g de hojas secas de tomillo

480 ml de vinagre de sidra de manzana

UN BÁLSAMO MILAGROSO

Tener tomillo en el jardín atrae a las abejas y la miel creada por estas «abejas tomilleras» tiene mucha demanda. Si te cruzas con esta rareza, hazte con toda la que puedas, ya que evoca el amor y el encanto de la Madre Naturaleza. Los griegos de la antigüedad lo valoraban sobremanera, no sólo como un manjar en la mesa, sino también como un bálsamo milagroso que lo cura todo: el estómago, dolores y molestias, e incluso heridas. ¡Hipócrates juraba por él!

Regocijándoe en la lavanda

La lavanda no es difícil de cultivar. En cuanto tus plantones y plantas jóvenes se aclimaten, crecerán y producirán puñados de tallos perfumados, flores y semillas. Esta recompensa será tu fuente de tés, tinturas, sales de baño e infusiones. Para el té, la regla de oro es una cucharadita de flores de lavanda secas por cada 240 ml de agua hirviendo para ayudar con los problemas de estómago, las cefaleas, los dolores y el insomnio. Incluso ayudan a calmar la mente. Puedes elevar su poder terapéutico añadiendo cualquiera de estas hierbas excelentes: milenrama seca, hipérico o manzanilla.

Ahí va una forma sencilla y optimizada de infusionar la lavanda: vierte una cucharada colmada en un cuenco de agua caliente, luego cúbrete la cabeza con una toalla e inhala sus vapores aromáticos para combatir los problemas respiratorios, la tos, los resfriados, las cefaleas, la congestión nasal y la tensión nerviosa. Te sentirás renovada y tu cocina olerá como los mismísimos cielos. Puedes usar el agua en tu baño matinal o incorporarla al triturador de basura del fregadero; moler ahí las flores revitaliza ese electrodoméstico de cocina con tareas tan pesadas.

Tintura de lavanda

Tarro transparente con tapa de 1 litro de capacidad

Lavanda seca

240 ml de alcohol transparente; por ejemplo, vodka

480 ml de agua destilada

Tela de quesería

Un cristal oscuro para conservarlo

Debería tenerse este curalotodo a mano en todo momento para calmar la piel, el estómago y cualquier cosa que necesite algo de alivio. Incluso he visto cómo lo usaban para detener hemorragias en cortes pequeños.

Llena tu tarro con 1 litro de lavanda seca hasta la mitad. Vierte dentro también el alcohol hasta la mitad. Añade el agua, ciérralo herméticamente con una tapa, y agítala unos minutos hasta que parezca que se ha mezclado bien. Consérvala en una alacena oscura durante un mes, agitándola una vez al día. Al cabo de 30 días, cuélalo en el tarro de cristal oscuro con la tela de quesería para almacenarlo y enrosca bien la tapa. Los restos de lavanda serán un compostaje maravilloso y la propia tintura líquida pronto te demostrará que es indispensable en tu casa.

Vinagre de sidra de manzana fácil

De esta receta facilísima obtendrás una de las cosas más útiles de tu despensa. En tu cocina lo puedes usar como bebida saludable a diario, como limpiador del hogar, como tónico cutáneo y facial, como enjuague capilar y también tiene docenas de otras aplicaciones excelentes. Hipócrates, el padre de la medicina occidental de la antigua Grecia, enseñó que él confiaba en dos tónicos medicinales: la miel y el vinagre. El vinagre de sidra de manzana reduce el colesterol y la presión sanguínea, y ayuda a fortalecer los huesos. Lo mejor es que es baratísimo, ya que sólo usarás los corazones y las pieles de las manzanas. Hornea dos pasteles al tiempo que elaboras un tónico que refuerza tu salud. Cuando añades las hierbas al vinagre, estarás realzando el poder medicinal de lo mejor de ambos mundos.

Corta los corazones y las pieles de manzana en pedazos pequeños, e incorpóralos a un frasco de boca ancha. Vierte dentro el agua hasta cubrir la fruta, incorpora la miel, y remuévelo bien. Cubre la mezcla con un papel de cocina limpio o un papel encerado y coloca una goma que lo cierre con firmeza alrededor del cuello del tarro. Colócalo en una estantería oscura en tu alacena o área de trabajo y déjalo ahí dos semanas. Cuela el líquido, quita los restos compostables que queden, devuelve el líquido al tarro y asegura bien el papel con la goma de nuevo. Devuélvelo al estante y asegúrate de agitarlo a diario. Al cabo de un mes, toma una cucharada; si la acidez y el sabor están a tu gusto, trasládalo a una botella con un tapón hermético. Si no, espera otra semana y pruébalo de nuevo. El vinagre corroe los tapones de metal, así que la mejor opción es una botella bonita con un tapón de corcho.

8 manzanas ecológicas
  (corazones y pieles)

1 litro de agua

2 cucharadas de miel

ALQUIMIA HERBAL

Las hojas y los tallos de las plantas siguientes son geniales para hacer vinagres herbales: mastranzo, albahaca, hierba gatera, aliaria, menta bergamota, menta piperita, romero, hierbabuena, tomillo y milenrama.

Las semillas de eneldo y de hinojo funcionan muy bien, al igual que lo hacen la piel de limón y la de naranja. Las flores de monarda, de cebollino, de solidago, de lavanda y de milenrama producen un sabor fabuloso.

Las raíces que se infusionan mejor en los vinagres herbales son las de diente de león, achicoria, jengibre, ajo, artemisa y bardana.

Prepara tu propio vinagre de hierbas

Si te encanta todo lo relativo a la lavanda, quizá quieras crear tu propio vinagre de lavanda. Muchas hierbas pueden crear excelentes vinagres, así que presta atención a cuáles te parecen más atractivas mientras te vuelcas en tus tareas de jardinería. Cuantas más hierbas metas en el frasco, más minerales contendrá tu vinagre, quedando así más sabroso y saludable. Una vez que tengas tu propio vinagre de sidra de manzana o uno ecológico ya hecho que tu familia adore, elige una hierba que sepas que te funciona y llena con ella un tarro al máximo. Vierte el vinagre de sidra de manzana a temperatura ambiente hasta cubrirlo bien, ciérralo herméticamente con papel y un cordón, y déjalo en un estante oscuro seis semanas, agitándolo una vez a la semana. Una vez concluido su tiempo de infusión, cuela cualquier ramita o tallo compostable que quede, consérvalo en una botella de color y ponle una etiqueta bonita. Son un regalo maravilloso, así que te recomiendo que te hagas con etiquetas para tus elaboraciones brujeriles.

La despensa de poder

**BENDICIONES AJUSTADAS
AL PRESUPUESTO**

En lugar de compostar todas las hierbas, ramitas y tallos restantes de tus elaboraciones, puedes dejar que se sequen guardados en un saquito de arpillera o de muselina. Sigue metiendo allí ramitas de lavanda, romero, menta y todos los restos vegetales de plantas hasta tener una bolsa bien grande. En una noche especial, quémalo en tu chimenea o en una hoguera al aire libre y será como un incensario gigantesco con aromas encantadores flotando desde las llamas. ¿Y la mejor parte? ¡Que sale 100 % gratis!

Muchas entusiastas disfrutan de numerosas tazas al día de su infusión herbal favorita, lo cual es una gran porción de hierba infusionada durante un mínimo de 4 horas y un máximo de 10. Te recomiendo poner 1 taza de hierba seca en un tarro de 1 litro y llenarlo de agua recién hervida. Tras infusionarla, cuélala con algo no metálico, como por ejemplo una tela de quesería o bambú. Las infusiones de hierbas pueden elaborarse con hojas y frutas que proporcionan los aspectos mágicos y medicinales de este brebaje reconfortante. Varias hierbas favoritas de la bruja de cocina contienen minerales, antioxidantes y fitoquímicos. Se pueden usar raíces, hojas, flores, agujas y semillas (dependerá de qué fruta o hierba se elija para la base). A veces, todas las partes de la planta se pueden usar de alguna manera, y en otros sólo una o dos partes son seguras; es importante que cuando crees una mezcla de cero, investigues los ingredientes para comprender qué partes pueden usarse.

¿Qué necesitas cuidar en tu vida ahora mismo? Esta lista de hierbas y asociaciones podría guiarte. Una forma muy inteligente de abordar esta metodología es infusionarla antes de acostarte, al despertar tendrás la hierba recién infusionada. Aquí enumero algunas de las hierbas y de los frutos más populares para crear infusiones.

* **Las hojas y las semillas de anís** alivian los calambres y los dolores.

* **Las semillas de alcaravea** ayudan con los problemas románticos y con los cólicos.

* **Las hojas de hierba gatera** incrementan el atractivo.

* **Las flores de manzanilla** ayudan a dormir y es beneficioso para la abundancia.

* **Las hojas de diente de león** hacen los deseos realidad.

* **La equinácea** fortalece el cuerpo.

* **La raíz de ginseng** incrementa el vigor masculino.

* **Las hojas de ortiga mayor** son beneficiosas para las funciones pulmonares y rompen maleficios.

* **Las hojas de menta piperita** eliminan el malestar en el vientre y limpian.

* **Las agujas de pino** incrementan la salud de la piel, así como la salud financiera.

* **El fruto del escaramujo** está repleto de vitamina C y puede frenar los resfriados y la gripe.

* **Las hojas de salvia** purifican la energía y son un antibiótico natural.

* **Las hojas de esculetaria de Virginia** curan el insomnio, las cefaleas, la ansiedad y la tensión nerviosa.

* **Las hojas de hipérico** actúan como un antidepresivo y ofrecen fortaleza.

* **Las hojas de tomillo** son un antiséptico y un protector.

* **Las flores de milenrama** bajan la fiebre y traen coraje y buena suerte.

Elaboración medieval de los encuentros felices

Tienes que empezar esta mezcla especial vertiendo 3,8 litros de sidra dulce de manzana sin filtrar en un caldero. Puedes comprar la sidra, aunque es aún mejor si la preparas con manzanas que tú hayas recolectado. Toma una botella de tu vino tinto barato favorito y caliéntalo suavemente en la olla a fuego bajo. Añade azúcar, canela y clavo al gusto, pero al menos pon una cucharada de cada. Vierte la sidra en el vino caliente, y añade 13 clavos enteros y 6 ramas de canela. Luego remuévelo en sentido contrario a las agujas del reloj cada 6 minutos. Fíjate en cómo tu hogar se llena de la dulzura especiada de la alegría. Al cabo de 30 minutos, tu infusión debería estar lista para servirla.

Licor de canela

ELIXIR CASERO

Puedes preparar un sirope sencillo, una base para cualquier licor, en unos breves cinco minutos hirviendo 200 g de azúcar en 120 ml de agua.

Puedes crear bebidas y digestivos únicos para tomar después de la cena añadiendo hierbas en un sirope sencillo y dejándolo infusionar: intenta usar angélica, anís, bergamota, hisopo, todas las mentas, hinojo y, quizá la más especial de todas: la violeta. ¡A tu salud!

240 ml de vodka

2 clavos

1 cucharadita de semillas de cilantro molidas

1 rama de canela

240 ml de sirope de azúcar sencillo (véase a la izquierda)

Esta bebida popular pagana brinda una energía vivaracha y también puede ser una poción amorosa. Estos pocos ingredientes pueden conducir a toda una vida de devoción.

Vierte el vodka en un cuenco y añade las hierbas. Cúbrelo con un trapo limpio y seco y deposítalo en la alacena durante dos semanas. Cuélalo y fíltralo hasta que el resultado sea un líquido transparente al que añadirás ese sirope sencillo. Acto seguido lo devolverás al estante durante una semana. Consérvalo en una botella con un tapón rosa o rojo; ahora tienes amor líquido. Puedes añadírselo al chocolate caliente, al agua, al té o a la leche para obtener una bebida encantadora que compartir con tu pareja.

Hechizo de la poción de la pasión

Baja las luces, enciende unas velas rojas y disfruta de una taza caliente de chocolate con un chorrito de licor de canela. Di este hechizo en voz alta a medida que vas preparando la bebida; irradiarás pasión y atraerás a tu amante hacia ti con este encantamiento:

Hoy, despierto a la diosa que hay en mí
rindiéndome a mi amor por ti.
Esta noche, calentaré la noche con mi fuego.
Mientras nos tomamos esta taza, despertamos el deseo.
¡Estoy viva!
Soy amor.
Así sea.

Cerrando el círculo

«Me encanta lo global que puede ser la creación de las pociones mágicas: empiezas con un puñado de semillas, cuidas tu jardín de hierbas y acabas con una despensa repleta de bebidas que son medicinales, deliciosas y festivas al mismo tiempo.
Y lo más importante; elaboradas con mimo».

Capítulo 5

Curas de alacena de la cocina

Siglos atrás, cada aldea dependía de las «curanderas», sabias ancianas que empleaban el conocimiento que se les había transmitido como sanadoras. Reparaban huesos rotos, traían recién nacidos al mundo, mitigaban fiebres y salvaban vidas usando la sabiduría de la hechicería. Aunque vivamos en un mundo moderno de clínicas de vanguardia y de medicina avanzada, aún son muchas las cosas que puedes hacer usando remedios naturales sacados directamente de tu despensa y del jardín de la cocina. Las rosas que florecen junto a tu portal contienen más vitaminas que la cara botella de productos químicos de la repisa de tu baño. Tu especiero es tu farmacia más cercana. Tu vinagre de miel casero es un tónico poderoso que tu familia adorará. Dentro de tu alacena, te espera todo un mundo mágico con el que puedes conjurar gran cantidad de salud y felicidad.

Las artes de la sanación casera

Yo empecé a practicar el oficio de niña. Para mí, la brujería era y es lo más natural del mundo y, efectivamente, consiste en vivir en el mundo natural. En los paseos por zonas boscosas, mi tía Edith me señalaba la ortiga mayor, la menta silvestre, la zanahoria silvestre y otras hierbas que crecían junto a riachuelos cercanos a mi hogar. Escogíamos, infusionábamos y degustábamos los brebajes que preparábamos mientras me impartía su sabiduría doméstica. Poco me imaginaba yo que se me estaba instruyendo gradualmente como aprendiz de bruja de cocina. Últimamente me han estado pidiendo elaborar hechizos para lograr la paz interior; a muchas de nosotras nos abruman los estilos de vida fragmentados que requieren pasar largas horas en el trabajo, los millones de *e-mails,* los mensajes de texto, las redes sociales y demás exigencias que nos inundan. Con todo, ¿con qué frecuencia ves a una bruja estresada? Raramente, te lo aseguro.

Las brujas también debemos seguir el ritmo del mundo moderno, pero pese al barullo de estos tiempos impulsados por la tecnología, nuestra conexión con la tierra y con los ciclos de la naturaleza nos ayuda a mantener el equilibrio y la armonía. Este capítulo pretende conjurar el bienestar para que estés centrada, arraigada y saludable. Cuando nuestras abuelas y las maestras que nos precedieron cuidaron de cortes, cardenales, resfriados, fiebres y de otras dolencias de sus familias, no tenían una farmacia a mano. Estas mujeres sabias confiaban en una sabiduría sencilla, en el sentido común y en despensas bien abastecidas de remedios herbales. Esas preparaciones las elaboraban con plantas del jardín de la cocina o de hierbas silvestres recolectadas por los campos y bosques que rodeaban sus hogares. Esta colección de curas de alacena combina la sabiduría de nuestras maestras con las sensibilidades de una bruja de cocina moderna. Sí, ahorrarás dinero. Pero, sobre todo, empezarás a aprender qué te funciona y dominarás el arte de cuidarte al tiempo que le ofreces un gran confort a tus seres queridos. Aquí encontrarás trucos y secretos de bruja de cocina con los que sanar diversas enfermedades y sentirte de maravilla cada día, llueva o truene.

Hechizo de limpieza del espacio con lavanda

Para hacer cualquier tipo de trabajo de sanación, primero debes eliminar el desorden, tanto físico como de cualquier de otro tipo, porque eso crea bloqueos de energía. Destierra la energía «estancada» y dañina de tu espacio de trabajo en la cocina y de tu espacio vital con esta magia herbal. Infusiona la lavanda en agua caliente; una vez que la infusión se haya enfriado a temperatura ambiente, mete la punta de los dedos en ella y echa unas gotitas por todo tu hogar mientras entonas estas palabras:

Ahora aquí todo es nuevo, he dicho.
Abre paso, vete, adiós,
todo aquí es nuevo, he dicho.
¡Así sea!

Usa la infusión de lavanda restante para limpiar los escalones delanteros o la escalera de la puerta de la entrada —el acceso a tu santuario— despejando y limpiando así el umbral de tu hogar.

Te percatarás de que cada vez que entres en tu hogar, te sentirás más ligera y radiante gracias al saneamiento energético.

El especiero de la vida

¿Sabías que tu despensa es como una farmacia? Afortunadamente, es mucho más barata.

* **La pimienta de cayena** favorece la circulación y estimula el metabolismo.

* **La cúrcuma** es una campeona de la inmunidad, estimula la producción de antioxidantes y reduce la inflamación. Algunas personas centenarias atribuyen sus largas y saludables vidas a tomar té de raíz de cúrcuma a diario.

* **El comino** está bien cargado de fitoquímicos, antioxidantes, hierro, cobre, calcio, potasio, manganeso, selenio, zinc, magnesio y contiene grandes cantidades complejo de vitamina B. También ayuda con el insomnio.

* **El cilantro** es una buena fuente de hierro, magnesio, fitonutrientes, flavonoides y también es alto en fibra. El cilantro se ha empleado durante miles de años como digestivo, ayudando a bajar el azúcar en sangre por sus propiedades hipoglucémicas; posiblemente, resultado de ayudar a estimular la secreción de insulina.

* **El perejil** es una hierba rica en nutrientes y desintoxicante, y actúa como antiinflamatorio y antiespasmódico. Ayuda en afecciones que van desde los cólicos hasta la indigestión. Frótalo sobre la piel que sufra picores para obtener un alivio inmediato.

* **La salvia** es muy beneficiosa en el tratamiento de infecciones de encías y de garganta. El té de salvia ha ayudado aliviar la depresión y la ansiedad durante generaciones.

* **El jengibre** estimula la circulación y es un digestivo excelente, favoreciendo así la absorción de alimentos y reduciendo la hinchazón.

* **La canela** es una especia poderosa. Sólo media cucharadita al día puede reducir la glucosa en sangre drásticamente en la gente con diabetes de tipo 2 y ayuda a bajar el colesterol.

* **El tomillo** es una cura para la resaca y redobla sus esfuerzos para mitigar resfriados y bronquitis.

* **El clavo** es un antifúngico y mitiga los dolores de muelas.

Carga tu despensa con estos condimentos para obtener una salud y felicidad óptimas.

Hechizo respirar bien

Destierra los resfriados y la tos o mantenlos a raya con este hechizo de dulce aroma. Agita en una botella azul los siguientes aceites esenciales todos juntos:

10 gotas de romero

10 gotas de árbol del té

10 gotas de eucalipto

10 gotas de lavanda

1 cucharadita de sal marina

Sostén el recipiente abierto entre las manos bajo tu nariz e inspira a fondo tres veces. Tras la última espiración, entona:

Poder del viento,
fortaleza de los árboles,
energía de la tierra,
sales del mar,
os invoco para mantenerme bien y fuerte.
Sin dañar a nadie, así sea.

Puedes administrar este refuerzo respiratorio añadiendo 4 gotas al agua de un vaporizador o difusor, o en una bola de algodón metida en la funda de tu almohada. Verter 6 gotas en el agua de un baño caliente alivia las dificultades respiratorias inmediatamente.

ACEITES ESENCIALES PARA DOLENCIAS COMUNES

Usa estos aceites en el agua de tu bañera, en difusores, aplicados en puntos claves de la circulación, o en atomizadores para infundir el hogar de la vitalidad medicinal de la esencia de estas plantas.

Alergias: Manzanilla, melisa.

Cefaleas: Geranio, lavanda, tila, menta piperita.

Refuerzos inmunitarios: Hisopo, jazmín, rosa, tomillo.

Insomnio: Esclarea, lúpulo, lavanda.

Resfriados y la gripe: Eucalipto, lavanda, pino, tomillo.

Problemas de barriga: Albahaca, manzanilla, menta piperita.

Calambres: Tila, girasol, milenrama.

Artritis: Eucalipto, mejorana, pino, romero.

Fatiga: Bergamota, esclarea, neroli, rosa.

Desintoxicante del genial sasafrás y de jengibre

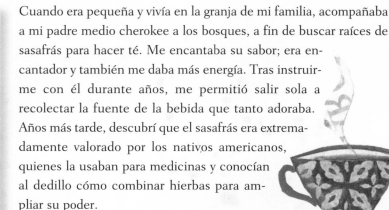

✳

DECOCCIONES
AL RESCATE

Las raíces, la corteza, las hierbas con tallos duros y las semillas no se prestan al método de la infusión. La decocción consiste en hervir y luego evaporar mediante una cocción lenta para producir el líquido más concentrado posible; algo excelente para medicinas. Usa un molinillo de café para tratar las raíces, los pedacitos de corteza y los tallos a fin de trabajar rápidamente con ellos. Te recomiendo el método de la decocción para las raíces de sauce, la zarzaparrilla, el cerezo silvestre, la yohimbe, la yuca, el regaliz, el perejil, el diente de león, la angélica, y la cohosh (*Actaea racemosa*).

Cuando era pequeña y vivía en la granja de mi familia, acompañaba a mi padre medio cherokee a los bosques, a fin de buscar raíces de sasafrás para hacer té. Me encantaba su sabor; era encantador y también me daba más energía. Tras instruirme con él durante años, me permitió salir sola a recolectar la fuente de la bebida que tanto adoraba. Años más tarde, descubrí que el sasafrás era extremadamente valorado por los nativos americanos, quienes la usaban para medicinas y conocían al dedillo cómo combinar hierbas para ampliar su poder.

Esta medicina matinal está inspirada en una receta chamánica medicinal de los nativos que emplea raíces de sasafrás, hojas del diente de león y rodajas de jengibre salvaje. Para una decocción maravillosamente medicinal, toma media taza de cada y hiérvelo todo en agua mineral. Después de tenerlo 12 minutos en reposo, incorpora la miel, remuévelo y disfruta. El buen sabor del desintoxicante es placenteramente sorprendente, así como lo es su forma de combinar las hierbas para eliminar las toxinas del cuerpo; principalmente las del riñón y del hígado. Durante las vacaciones o la época de los banquetes paganos, todos bebemos y disfrutamos de suntuosos alimentos, un buen vino y postres dulces. Esta mixtura purificadora de hierbas limpiará los órganos que limpian tu cuerpo, ayudándote en consecuencia a que tengas un mayor bienestar. Este desintoxicante se debería usar estacionalmente y no está pensado para su uso diario, debido a su gran poder.

Oximel: Un antiguo tónico

El oximel es un tónico de antiquísima usanza que se remonta a la antigüedad y que ha caído en desuso. Sigue siendo uno de los favoritos de los fitoterapeutas y está hecho de ingredientes aparentemente opuestos: miel y vinagre. Pueden añadirse hierbas para obtener grandes resultados, y cuando veas los caramelos de miel con mentol para la tos en el estante de la farmacia, piensa que su origen se remonta a 2000 años atrás. Los oximeles son sumamente efectivos para problemas respiratorios. La receta es la simplicidad personificada: miel y vinagre a partes iguales vertido sobre unas hierbas en un tarro. Almacénalo en una alacena oscura y agita enérgicamente el tarro cerrado herméticamente cada día. Al cabo de dos semanas, cuela las hierbas con una tela de quesería y consérvalo en la nevera.

> ✳
> ### HIERBAS PARA OXIMEL
>
> Las hierbas que recomendaría usar para este tónico medicinal son el orégano, el saúco, la salvia, la melisa, la menta, la piel de limón, el tomillo, la lavanda, los pétalos de rosa, el hisopo y el hinojo.

Moras: La medicina de los márgenes del camino

Las moras son uno de los obsequios más dulces de la vida que crecen en abundancia en las zarzas que hay a lo largo de muchos senderos. Se puede preparar un tónico medicinal sumamente efectivo dejando en remojo 520 g de moras en 1 litro de vinagre de malta durante 3 días. Cuela el líquido en una sartén. Cuécelo y remuévelo mezclándolo con azúcar (450 g por cada 475 ml de tónico). Hiérvelo suavemente durante 5 minutos y quítale la espuma. Enfríalo y viértelo en un tarro que puedas cerrar herméticamente.

Esta poción es tan poderosa que añadiendo una cucharadita en una taza de agua, cura dolores de barriga, calambres, fiebres, tos y resfriados. Lo mejor, el vinagre de zarzamora es a la vez una medicina y un saborizante culinario muy apreciado para salsas y ensaladas. Vierte un poco sobre tu pastel de manzana con crema y pronto saldrás pitando para recoger moras todo el verano.

Consuelda del bienestar

Las brujas de cocina adoran la consuelda, una de las hierbas medicinales más conocidas de todos los tiempos. Incluso se la ha tildado como «farmacia uniherbal» por sus inherentes poderes curativos. Los griegos y romanos primitivos la conocían bien, y la empleaban ampliamente. *Symphytum*, su nombre botánico, procede del griego *symphyo*, que significa «hacer crecer uniendo», haciendo así referencia a su uso tradicional en la curación de fracturas. La consuelda alivia los dolores y la hinchazón. El bálsamo de consuelda será un pilar del botiquín de primeros auxilios de tu hogar. Úsalo en cortes, rasguños, erupciones cutáneas, quemaduras solares y casi cualquier irritación cutánea. El bálsamo de consuelda también puede confortar las articulaciones artríticas doloridas y los dolores musculares.

Bálsamo curalotodo de lavanda y consuelda

180 ml de aceite infusionado con consuelda

60 ml de aceite de coco

4 cucharadas de cera de abeja

10 gotas de aceite esencial de lavanda

Combina los aceites de consuelda y de coco. Calienta el aceite junto con la cera hasta que la cera se funda por completo. Viértelo todo en un tarro limpio y seco. Cuando la mezcla se haya enfriado un poco, pero no se haya asentado todavía, añade 10 gotas de aceite esencial de lavanda, que también es un antiséptico. Remuévelo bien. Cierra herméticamente el tarro y consérvalo en un armario para usarlo cada vez que te hagas algún rasguño trabajando en el jardín o que quieras renovar y suavizar manos y pies después de trabajar mucho en casa y en el jardín. Una nota: haz de ella un uso tópico sobre la piel y obrará maravillas, aunque si un corte es profundo, no lo apliques dentro de la herida. Deja que tu médico se encargue de eso. La consuelda es una planta milagrosa para la sanación; combínala con la lavanda y este dueto poderoso reparará tu espíritu al tiempo que a tu piel.

Cura de caldero para aliviar el corazón

Aquí tienes un sorbito relajante que elevará tu espíritu en cualquier momento y que también sirve para prevenir enfriamientos. Esta combinación de hierbas contribuye a «dejar ir» penas, preocupaciones, dudas y reaviva el amor propio.

Remueve todos los ingredientes juntos en un caldero limpio para mezclarlos. Viértelos en un tarro coloreado y cierra la tapa herméticamente. Cuando estés lista para elaborar la infusión, vierte agua caliente sobre las hierbas (2 cucharaditas por taza). Mientras reposan 5 minutos, escribe en un papel pequeño cualquier pensamiento o temor de los que necesites deshacerte. Ahora di en voz alta cada uno de ellos. Luego, grita: «¡Largo!». Tras este ritual liberador, quema el papel junto con la salvia en el caldero en tu altar. A medida que sorbes el té, disfruta de tu renovado sentido de consciencia y de tu paz interior.

28 g de escaramujos secos

28 g de hibisco seco

56 g de menta seca

1 cucharada de raíz de jengibre seca

✳
MULTIVITAMINAS DE LA MADRE NATURALEZA

Una vez que su rosa haya florecido y sus pétalos hayan caído, el escaramujo está listo para su recolección. Los escaramujos molidos son la mejor fuente de vitamina C, que estimula el sistema inmunitario; contienen un 50 % más de vitamina C que las naranjas. Una cucharada proporciona una cantidad superior a la cantidad diaria recomendada para adultos (90 mg para hombres y 75 mg para mujeres). La pulpa de los escaramujos se puede usar en salsas o se puede hacer mermelada con ella. ¡Qué forma más deliciosa de prevenir resfriados y dolencias!

Amuleto de hierbas artesanal

Cuidando de tu jardín experimentarás años de gozo tal como Voltaire nos enseñó en *Cándido,* su obra maestra. Puedes compartir ese placer con amigos y seres queridos mediante regalos de tu jardín. Verás recompensados tus buenos propósitos con creces. Yo tengo un buen *stock* de saquitos de muselina con cordón para crear amuletos. Si eres una bruja de cocina mañosa, puedes coser las bolsas a mano y meter las hierbas secas dentro.

Los amuletos los deberías llevar siempre encima; en un bolsillo, en tu bolso o mochila, o colgado del cuello con un cordón.

* **Para tener coraje y corazón:** Verbasco o borraja.

* **Para tener buen ánimo:** Ortiga mayor o milenrama.

* **Para tus compañeras brujas:** Hiedra, popotillo pajón *(Andropogon virginicus),* culantrillos *(Adiantum).*

* **Para los viajes seguros:** Consuelda.

* **Para la fertilidad:** Ciclamen o muérdago.

* **Para protegerse del engaño:** *Antirrhinum* (boca de dragón).

* **Para tener buena salud:** Ruda.

* **Para el éxito:** Asperilla.

* **Para ser fuerte:** Artemisa.

* **Para tener un aspecto juvenil:** Una bellota.

Conjurando mediante una taza

El té no sólo es una bebida exquisita, sino que también contiene grandes poderes medicinales en cada taza. Cultivar y secar hierbas para tus preparaciones de hechicería es uno de los placeres sencillos de la vida. El té conjura una alquimia muy poderosa porque al tomarlo, llevas esa magia hacia tu interior. Para preparar un néctar exquisito que calma cualquier tormenta debes añadir un trozo de raíz de jengibre y una cucharadita de manzanilla y otra de menta piperita a 475 ml de agua hirviendo. Deja que se infusione y, a medida que la mezcla se gesta y enfría, reza usando las palabras de la derecha.

En este día rezo por la fortaleza y la salud, y la sabiduría para ver la belleza en cada momento de vigilia. Bendiciones en abundancia; una buena salud es la auténtica riqueza.

Infusiones saludables de la hechicería verde

Los tés de hierbas nutren el alma, curan el cuerpo y calman la mente. Prueba cualquiera de los siguientes:

* **El té de hojas de zarzamora** atenúa los cambios de humor y equilibra los niveles de glucosa. Por lo cual, ayuda a controlar el peso. Este té herbal milagroso incluso favorece la circulación y ayuda en problemas como la inflamación y las varices. Es útil para los pacientes de cáncer y se cree que es un preventivo.

* **El de hierba gatera** es uno de los tés más brujescos y no se lo cultiva sólo para la diversión de tu pariente felino. Ante el primer indicio de un dolor de garganta o de un resfriado inminente, tómate una taza caliente de té de hierba gatera y vete directa a la cama. Te despertarás sintiéndote mucho mejor. La hierba gatera calma el sistema nervioso y puede ayudar a conciliar el sueño de un niño inquieto sin riesgos, ya que es un inductor al sueño suave pero potente.

* **El de cardamomo** es uno de los predilectos de las embarazadas de todas partes, puesto que calma las náuseas, sean o no matutinas. Este fragante té del este de la India oriental es excelente para la digestión. Además, limpia y aclara la boca y la garganta. A quienquiera que le guste la canela, le encantará el cardamomo.

* **La ortiga mayor** eleva tus niveles de energía, estimula el sistema inmunitario y está repleto de hierro y de vitaminas.

* **El hinojo** es excelente para despertar y levantar el ánimo, y es fabuloso para la digestión y para limpiar. El hinojo también es un refrescante natural del aliento.

* **La equinácea** confiere una creciente y consistente sensación de bienestar, y previene los resfriados y la gripe. Es un refuerzo inmunitario muy potente.

* **La raíz de jengibre** calma y anima al tiempo que ayuda a hacer la digestión y con las náuseas, y también puede ahuyentar la tos y los dolores de garganta.

* **La raíz de diente de león** arraiga, centra y proporciona numerosos minerales y nutrientes. Esta hierba silvestre maravillosa también es un limpiador y un desintoxicante completamente natural.

Autocuidado sagrado al rescate

Hoy en día el ritmo de la vida puede provocar una enorme tensión y ansiedad. La presión y la tensión no sólo son un freno para disfrutar de la vida, sino que también afectan a tu salud. El «camino de la bruja» nunca deja que las preocupaciones entorpezcan el camino que conduce al bienestar, y estos hechizos tranquilizadores y ritos relajantes aportarán mucho a tu calidad de vida.

Magia sencilla con sal

Todo hogar tiene sal en la cocina; o bien la blanca granulada ordinaria, o bien la grande en cristales kósher. Este condimento corriente de la alacena también es esencial en la magia, su uso se remonta a miles de años atrás en tiempos de los egipcios, los caldeos, los babilonios y de las tribus europeas primitivas. Con ella purificaban, protegían y limpiaban. El vudú la emplea con frecuencia, se rocía con sal el umbral de la puerta y los senderos para alejar a los malos espíritus (así como a la gente mezquina), y se la añade a botellas de bruja para limpiar energías. Durante el Bajo Imperio Romano, a los soldados se les pagaba con sal; mira si era valiosa. Durante mucho tiempo, con estos granos se preservaba y mejoraba el sabor de los alimentos. Quizá su objetivo más elevado es su uso medicinal; es esencial en la dieta para estar saludable y su aplicación tópica en baños y friegas es tremendamente relajante. La sal elimina la energía negativa y puede derrotar una cefalea a corto plazo con la aplicación mágica siguiente.

Cura para la cefalea: Hechizo de la serenidad con sal

Llena una tetera y ponla a hervir. Vierte el agua muy caliente en un tazón y añade una cucharada colmada de sal. Cuando se haya enfriado un poco y aún siga caliente, sostén el tazón contra cada una de las sienes por turnos, y mantenla ahí durante un buen rato. Introduce el índice de tu mano izquierda en el agua salada, y hazte una suave friega en cada una de las sienes y en la frente realizando movimientos circulares. Siéntate o estírate en silencio un rato con los ojos cerrados. Si esto se convierte en una siesta, mejor. Cuando estés lista, levántate y tu cefalea estará bajo control. Deja la taza en tu altar de cocina durante un período de 24 horas para que extraiga cualquier energía negativa de tu hogar. Al día siguiente, tira fuera el agua salada de la taza desde el escalón de la entrada de tu casa o en la acera para alejar el mal yuyu. Mientras camines por el camino que llega hasta tu casa, notarás que tienes la cabeza despejada y en paz.

Hechizo del Sol poniente

El tarro de hojas de laurel de tu especiero te dejará un paso más cerca de la tranquilidad. Para limpiar la energía y preparar una semana de serena claridad, busca tu flor blanca favorita: un iris, una azucena, una rosa o una que se te antoje realmente bonita a la vista. El momento para realizar este hechizo es la puesta de Sol de un lunes, inmediatamente después de que el Sol haya descendido por debajo del horizonte. Unge una vela blanca con aceite de jazmín y colócala en tu altar. Toma tu flor blanca y añádela a tu altar poniéndola en un cuenco de agua recién fresca. Coloca una hoja de laurel entera en un plato de cristal frente a la vela encendida y di en voz alta las palabras del hechizo de la derecha.

Quema la hoja de laurel en el fuego de la vela y colócala en el plato de cristal, donde podrá convertirse en ceniza, haciendo las veces de un sahumerio a medida que arde.

Este fuego es puro; esta flor es sagrada;
esta agua está limpia.
Estos elementos me purifican.
Camino en la luz sin nada que me entorpezca.
Mi energía es pura, mi espíritu es sagrado,
mi ser está limpio.
Bendita sea.

Bálsamo de hojas de laurel

Cualquier aceite corporal o herbal puede convertirse en un bálsamo añadiéndole cera. La proporción para el bálsamo corporal es 90 ml de aceite de coco por cada 30 ml de cera de abeja. Si tienes un laurel, recolecta algunas hojas frescas. También puedes ir a tu especiero y tomar tres hojas del tarro y molerlas en tu mortero rompiéndolas en pedazos pequeños y finos. Reserva una cuarta hoja entera. Calienta el aceite y la cera al baño maría hasta que se funda del todo. Comprueba su viscosidad vertiendo una pizca en un plato frío. Si te satisface su consistencia, viértelo en tarros limpios para que se enfríe. Si necesitas añadir más cera, debes hacerlo ahora. Los bálsamos son simplemente ungüentos a los que se añade aceites esenciales. Añade dos gotas de aceite esencial de eucalipto y dos gotas de aceite de limón mientras la mezcla aún esté caliente. Incluye el laurel molido, remuévelo bien y ciérralo herméticamente para preservar el aroma.

El bálsamo de hojas de laurel tendrá un efecto maravillosamente calmante en cada uso y puedes frotártelo en las sienes cuando necesites desestresarte. Te recomiendo darte baños nocturnos los domingos, untándote el bálsamo antes de meterte en un baño caliente. Toma un paño, masajéate la piel, estírate y relájate 20 minutos. Al vaciar la bañera, tu estrés también se disipará, y podrás empezar tu semana de nuevo, lista para afrontar cualquier cosa que se cruce en tu camino.

Baño ritual para purificar el cuerpo

Desde los tiempos de la antigüedad, en el Mediterráneo y Mesopotamia se han usado sales marinas combinadas con aceites relajantes para purificar el cuerpo mediante suaves friegas ritualizadas. Desde Bathsheba hasta Cleopatra, estas sales naturales se han usado para suavizar la piel y potenciar la circulación, lo cual es vital para la salud física en general, puesto que la piel es el órgano más grande del cuerpo humano. Hace mucho que las sales del mar Muerto se exportan por su popularidad y están disponibles en la mayoría tiendas de alimentos ecológicos y *spas*. Puedes preparar tus propias sales, y haciéndolo no sólo controlarás y personalizarás su aroma, sino que también ahorrarás dinero. El beneficio definitivo que va más allá de la reducción de costes es que impregnas el brebaje de tu propósito, algo absolutamente imperativo cuando llevas a cabo ritos de autosanación.

Sales del jardín del Edén de Shekinah

Shekinah se traduce como «aquella que mora en el interior», y es el nombre hebreo de la faceta femenina de Dios. Según la antigua leyenda, ella creó el mundo mano a mano con Yahweh, el dios de Israel. Esta sencilla receta evoca los aromas y los recuerdos primarios de ese paraíso edénico.

Mézclalo bien y consérvalo en una botella de algún color que pueda quedar bien cerrada. Prepárate para las friegas rituales encendiendo velas perfumadas de cítricos y de rosas. Libérate de tu ropa y sostén las sales en las palmas de las manos. Reza en voz alta:

385 g de sales de Epsom

120 ml de aceite de almendra dulce

1 cucharada de glicerina

4 gotas de aceite esencial de ylang-ylang

2 gotas de aceite esencial de jazmín

Shekinah, que tu sabiduría me guíe,
mi cuerpo es tu templo.
Aquí te rindo culto hoy, con el corazón
y las manos, con el cuerpo y el alma.
Te invoco para la sanación,
Shekinah, bríndame aliento
y vida.
Primigenia, yo te doy las gracias
con el corazón y las manos,
con el cuerpo y el alma.

Utiliza estas sales con un trapo limpio o una esponja nueva, y frota suavemente tu cuerpo mientras permaneces de pie en la ducha o bañera. El momento ideal es durante la mañana de una Luna creciente o a medianoche durante una Luna nueva. Resplandecerás de salud y de paz interior.

Hechizo de la serenidad con azafrán

Este ritual vespertino es una forma maravillosa de terminar el día. Enciende una vela amarilla para la claridad mental, y úngela con el tranquilizante e inspirador aceite de bergamota. Coloca una rosa amarilla en un jarrón a la izquierda de la vela. A la derecha, coloca un cuenco que por lo menos contenga dos citrinos o cristales de cuarzo.

El agua de azafrán se prepara hirviendo una cucharilla de azafrán de tu alacena en 2 litros de agua destilada. Deja que se enfríe a temperatura ambiente y viértela en el cuenco de los cristales. Une las manos palma contra palma como si rezaras y mét1as en el cuenco. Tócate el tercer ojo el centro de la frente, ungiéndote a ti misma con el agua de azafrán. Ahora, di en voz alta:

Gran diosa, lléname con tu presencia,
esta noche, estoy completa y en paz.
Inspirando, espirando,
siento tu seguro abrazo.
Y así es.

El espectro de la serenidad

Ya he explicado lo poderosas que pueden llegar a ser las velas (*véase* página 32), pero ¿sabías que puedes encender velas de colores ciertos días de la semana para obtener todo tipo de bienestar? La guía de abajo muestra qué velas usar y cuando usarlas.

* Para tener paz interior, enciende velas **plateadas** los **lunes**.

* Para liberare de la ira, enciende velas **naranjas** los **martes**.

* Para tener claridad mental, quema velas **amarillas** el **miércoles**.

* Para un hogar en paz, enciende velas **azules** los **jueves**.

* Para obtener amabilidad y compasión, enciende velas **rosas** los **viernes**.

* Para tener éxito en el trabajo y bienestar físico, enciende velas **verdes** los **viernes**.

* Para superar el remordimiento o la culpa, enciende velas **blancas** los **sábados**.

* Para la confianza en una misma y superar el miedo, enciende velas **rojas** los **domingos**.

Cerrando el círculo

«Cada día, puedes renovar tu propia salud
y bienestar con cosas pequeñas; una taza
de té verde con una plegaria matinal puede ser
un rito sencillo que te brinda calma
y el mayor bienestar».

Capítulo 6

El jardín de la bruja de cocina

La jardinería es una de las cosas más creativas que puedes hacer y un ejercicio de *mindfulness*. Te mantiene enraizada con una profunda conexión con la tierra. Cultivar hierbas que usar en remedios y hechicería es doblemente gratificante; con el paso de cada estación, irá creciendo tu sabiduría y destreza. Tu jardín —tanto si es un balcón lleno de flores o una parcela trasera— puede ser un santuario, un lugar donde tu espíritu se renueva y restaura. Cuidar y cultivar estas hierbas mágicas y plantas potentes es una especie de alquimia botánica; los tés, tinturas, pociones, recetas y esencias florales que creas prueban que el tuyo es un jardín encantado.

Las semillas sobrenaturales y las hierbas de la felicidad

He vivido en casas donde sólo podía practicar la jardinería con macetas en una terraza o jardineras en la entrada. Esto me ha enseñado que puedes hacer mucho con paquetes de semillas, macetas y una mentalidad abierta. Cuando selecciones un espacio destinado a tu jardín de hechicería de cocina puedes tener algo tan simple como un juego de macetas; esto lo puedes planear como lo harías con un espacio ajardinado. Si afortunadamente cuentas con un patio trasero o parcela, te sugiero que empieces a diseñarlo incorporando las plantas que conoces y que deseas usar en tus trabajos mágicos y en tu cocina. Permítete experimentar en todo momento. Intentarlo con verduras o semillas que son una novedad para ti puede ser sumamente gratificante. Yo coincido con la londinense Alys Fowler, una de las mejores jardineras de Inglaterra. Ella dice que no hay ninguna razón por la que las rosas y los repollos no puedan estar hombro con hombro, que las verduras pueden acurrucarse gratamente entre las flores. Tras intentar algunas siembras pintorescas, dale rienda suelta a las improvisaciones más creativas.

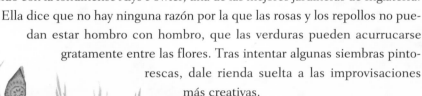

El jardín de una bruja debería poseer cierto aspecto salvaje. Deja que los *Alyssum* se resiembren por sí mismos y se extiendan por todas partes, creando una alfombra de belleza. Permite que la ipomea, el jazmín y las capuchinas escalen por el cerco con abandono. Te animo a experimentar y a cultivar lo que desee tu corazón. Con el paso de las estaciones, tu jardín reflejará tu autocrecimiento y también será tu refugio para reflexionar.

Tu propósito mágico

¿Usas manzanilla con regularidad? ¿Purificas tu espacio con salvia? ¿Son el romero, la menta y la lavanda tus favoritas en tus saquitos y tus tés? Piensa en todas las hierbas y plantas que adoras y usas a menudo, y luego empieza a informarte sobre su mantenimiento y su cuidado. Investiga tu zona de siembra para obtener un clima óptimo que nutra tus plantas y hierbas. Una vez planeadas tus siembras, infúndele a tu parcela un propósito mágico. Haz un seguimiento cuidadoso de tus progresos en tu libro de las sombras. A medida que ganes experiencia y pericia, tu terreno también ganará poder sanador.

Acuérdate de investigar qué plantas y hierbas pueden ser tóxicas o venenosas para garantizar la seguridad de los niños o de tus amigos caninos y felinos. El poder de muchas flores que se nos ha transmitido es excelente para trabajos mágicos, pero no es apropiado para té, comestibles o cosas por el estilo. Asegúrate de que los niños que vengan de visita se mantengan alejados de la wisteria, el rododendro, el muguete, el narciso, las dedaleras, la espuela de caballero, la hortensia y las adelfas. Son bonitas, aunque mortales literalmente.

Cada Luna nueva es una oportunidad para sembrar las semillas de nuevos comienzos y hacer más profundo tu propósito mágico. Tus plantaciones pueden ser una herramienta con la que obtener una vida mejor, una salud más radiante y una mayor abundancia. Asimismo, ofrece un sentido de la consciencia y serenidad. La naturaleza es nuestra mayor maestra y un jardín es un regalo a través del cual puedes dar y recibir.

Un jardín de salud y de sanación

Aquí he reunido las plantas, flores y hierbas que serán de lo más útil en tu hechicería de cocina. La mayoría son plantas resistentes que tú y tu círculo disfrutaréis durante un sinnúmero de años venideros y que traerán tanto belleza como poder a tu jardín.

El tomillo: Una hierba para todos los tiempos

Podría decirse que el tomillo es una hierba clásica, tanto que los venerados Virgilio y Plinio cantaron las alabanzas de este pariente de la menta medicinal hace más de 2000 años. Aunque el tomillo adore el clima mediterráneo, es cultivable en cualquier sitio partiendo de semillas y de esquejes. Es bueno para el estómago, es especialmente efectivo aliviando los problemas respiratorios y provoca la sudoración a fin de eliminar toxinas y bajar la fiebre. El té de tomillo con miel es, verdaderamente, una dulce manera de tragarse una medicina. Te lo beberás hasta cuando estés sano y feliz.

El tomillo también es una planta culinaria, constituye un aditivo encantador que sazona los platos. Cuando vivía en climas más cálidos, plantaba tomillo lanudo entre las losas de mi patio delantero y dejaba que se propagaran al máximo. Cuando llegaba a casa del trabajo, el tiempo soleado a más de 26 grados había calentado el tomillo, creando un sendero perfumado. Llegar a casa era una experiencia celestial.

Durante siglos se ha creído que el tomillo brinda coraje y fortaleza tanto interior como física. Incluso cuando te enfrentes a adversidades aparentemente insalvables, los hechizos y los sahumerios protagonizados por el tomillo te encaminarán y te llevarán hacia tu meta. Creo que el mejor aspecto del tomillo es que libra a tu hogar y a tu familia de la melancolía, superando así el desconsuelo tras haber pasado por grandes dificultades y pérdidas. Si tus seres queridos han sufrido una catástrofe, prueba el tomillo en rituales mágicos y de restitución. Sin duda, las practicantes de la hechicería verde cantarán las alabanzas del tomillo durante 2000 años más, por lo menos.

EL TOMILLO DE LOS SUEÑOS

Yo recolecto y seco tomillo para que su divina fragancia refresque las sábanas y la colada. Tener una bolsita de tomillo seco en la funda de tu almohada te ofrecerá un plácido sueño.

Por si fuera poco, ¡además repele los insectos y las plagas, pero atrae a las abejas!

Un bálsamo para todas las penas

Al limoncillo también se lo conoce por el término melisa, derivado del latín. Desde la época grecorromana, a esta pariente de las mentas se la considera una medicina notable. Puedes cultivarla fácilmente a partir de paquetes de semillas en casi cualquier tipo de tierra, aunque es preferible que tenga sombra por la tarde para evitar que se marchite. Es una planta dicharachera que se presentará «por voluntad propia», propagándose por tu jardín y que podrás usar en la magia amorosa: te traerá el amor y te sanará tras una ruptura o divorcio. También sirve como afrodisíaco.

Las infusiones y los tés de melisa son buenos para lo que su nombre sugiere: aliviar el corazón, las angustias persistentes, los estados de ánimo melancólicos, dolores y molestias causados por un trauma, sea físico o emocional. Deberíamos cultivar toda la que podamos y dejar que algunas generen semillas para favorecer que nuevas plantas surjan de lugares inesperados en tu jardín de hierbas. Una bruja de cocina nunca se queja de tener bálsamo en abundancia; quien emplee melisa en infusiones y en la cocina disfrutará en abundancia del amor.

Cebollino para el buen ánimo

El *Allium,* también conocido como cebollino, es una planta rematadamente fácil de cultivar en cualquier parte, sea en el alféizar de la cocina o en la parcela de un jardín. Miembro de la familia de las cebollas, éste es un caso encantador en el que el bulbo entero de la planta, las hojas y las flores son comestibles. Planta los bulbos a 15 cm de distancia cada uno, riégalos y prácticamente puedes olvidarte de ellos, porque lo único que requieren es agua. Una ventaja es que este pariente de la cebolla repele los insectos, así que puedes plantar hileras de esta planta junto a verduras y frutas, y los insectos se mantendrán alejados. El *Allium* se reproduce con rapidez, así que puedes desenterrar bulbos maduros, separarlos y replantarlos. Un consejo que recordar es que los cebollinos pierden su sabor cuando se los seca, así que úsalos frescos.

Sus flores son una sorpresa encantadora que añadir a las ensaladas por su belleza comestible y muchas brujas de cocina usan cebollino en todo tipo de platos, puesto que es beneficioso para controlar el peso y es una planta protectora de tanto del hogar como del jardín. El cebollino lo usaban las practicantes de antaño en amuletos para evitar a espíritus malignos y hadas traviesas. También se colgaban ramilletes recién cortados junto a la cama de un enfermo para acelerar le sanación, especialmente para los niños. Si ves una casa rodeada de hileras de *Allium*, sabrás que sus ocupantes se atienen a las «viejas costumbres».

Albahaca: Abundancia y belleza

Esta hierba de dulce paladar resulta excelente para los platos sabrosos. La albahaca realmente crece como una planta silvestre y deberías cultivarla justo en el alféizar de la cocina para poder darle un tijeretazo y añadirla a tus platos de inspiración italiana. Dale a tus plantas de albahaca Sol en abundancia, mucha agua y cosecharás una recompensa enorme que podrás compartir con los vecinos. Ancianas y brujas de cerco sostienen que la albahaca protege tu hogar al tiempo que también trae prosperidad y felicidad. La albahaca ayuda a calmar la mente, trae amor, paz, dinero y protege contra la locura, ¿qué más puedes pedir? La albahaca es muy práctica para aplicaciones mágicas como hacer las paces tras un desacuerdo. Sus beneficios son tan abundantes como la planta en sí; se la puede usar para atraer y lograr el amor. Además, en el nivel vibracional más alto, incita a las habilidades psíquicas e incluso a la proyección astral.

Magia del dinero con albahaca

Cosecha varias hojas de tus plantas de albahaca y deposítalas en un cuenco transparente con agua en tu altar de cocina durante toda la noche. Por la mañana, saca las hojas y deja que se sequen en el alféizar de tu cocina. Toca el agua con la punta de los dedos y luego toca tu bolso, tu cartera, y cualquier lugar donde guardes dinero. Si manejas dinero en tu lugar de trabajo, embotella un poco de agua de la albahaca en un frasquito y haz lo mismo. En cuanto las hojas reposadas se hayan secado, coloca una en tu cartera, en tu bolso y en los bolsillos para atraer el dinero hacia ti y hacia los tuyos. También repele a los ladrones y te protege de una pérdida de riqueza. Asimismo, puedes poner algunas hojas de albahaca sobre tu escritorio de casa o del trabajo para potenciar la prosperidad de tu empleador, o antes de pedir un aumento. La albahaca es, verdaderamente, una bendición para la bruja de cocina.

FLORES COMESTIBLES

Los ramos de flores ecológicos sin pesticidas son un sabroso añadido para ensaladas, para decorar pasteles e incluso son una *delicatessen*, como, por ejemplo, la flor de calabaza frita. Las flores añaden una belleza despampanante a cualquier plato. Agarra tu cesto y añade un ramillete a tus creaciones culinarias.

Por ejemplo: alegría, caléndula, gladiolo, lirio de día, aciano, margarita, clavel y violeta. Mi favorita es la picantita y fresca capuchina, que es fácil de cultivar y cuyas flores amarillas, rojas y naranja brillante tienen los colores de la felicidad.

La margarita y la equinácea

El nombre de esta flor leal procede del término anglosajón *dæges eage,* «el ojo del día», dado que se cierra de noche. A la margarita la usa en uno de los hechizos amorosos más antiguos. Para saber si tu amor verdadero será correspondido, toma una margarita y entona «me quiere, no me quiere» hasta arrancar el último pétalo y se revelará la respuesta. Esta flor no es sólo una bendición para el romance, en la fitomedicina también es útil para dolores, cardenales, heridas, inflamaciones y baños calmantes oculares. Como remedio floral, ayuda mucho con el agotamiento y es una cura sumamente valorada en la homeopatía.

La equinácea es un miembro de la familia de las margaritas que ha cobrado una tremenda popularidad por curar resfriados, por ser un poderoso refuerzo inmunitario, por aumentar el número de linfocitos y por combatir dolencias tanto menores como mayores. La equinácea denota la abundancia, atrayendo ésta una mayor prosperidad, aunque se la puede usar en trabajos mágicos para amplificar el poder de un hechizo.

Romero para el recuerdo

El romero es otra hierba que crece mejor en climas cálidos o mediterráneos, si bien también puede capear el frío. Difícil de cultivar con semillas, es más fácil empezar una hilera de plantas de romero en tu jardín recurriendo a esquejes. Las macetas de esta planta arbustiva pueden disfrutar de la primavera y del verano, y evitar el frío introduciéndolas en un porche resguardado o junto a una ventana soleada cuando bajan las temperaturas. Y un extra; requiere poca agua. El romero es fantástico para condimentar patatas, pollo asado y hace que las cenas del domingo sepan mejor y sean más radiantes. Puedes echar mano de sus aromáticas agujas para aderezar platos o para espolvorearlas sobre sopas y estofados. Además de realzar tu cocina, es primordial para rejuvenecerse y se aprecia por cómo ayuda al organismo a recuperarse después de una enfermedad persistente; sus elixires y aceites esenciales estimulan y dan energía al tiempo que confortan. En la época grecorromana, se creía que el romero favorecía la memoria. Una práctica excelente de hechicería de cocina es tomar romero seco o fresco y ponerlo al vapor para realizar una infusión sencilla. Te ayudará a respirar mejor, con los dolores musculares y con la ansiedad. Lograrás lo mismo añadiéndolo a un baño caliente. Estírate, relájate y piensa en los momentos felices de tu vida y en los que están por venir.

Tusilago: El disipador de la tos

El tusilago o uña de caballo recibe ese nombre por el parecido que guardan sus hojas con los cascos de un caballo. Visto como una mala hierba por todos excepto por aquellas que lo conocen, esta planta espinosa y floreciente crece a lo largo de lechos de arroyos, humedales y terrenos limosos. *Tussilago,* su nombre botánico latino, significa «disipador de la tos». Es una poderosa ayuda para quienes padecen asma o enfermedades bronquiales, y también es una medicina fabulosa para resfriados y gripes. Según el folclore, las doncellas usaban sus hojas en un sencillo hechizo para ver su futuro marido a lo lejos, galopando hacia ellas. Las brujas de cerco realmente sabias tienen montones de tusilago en la parte más sombría y húmeda de su propiedad.

Angélica: La flor guardiana celestial

La angélica, que por lo visto floreció por primera vez el día dedicado al arcángel Miguel, forma parte de la familia de las zanahorias y es una planta alta, de tallo hueco, con racimos en forma de paraguas de flores blancas con un tinte verdoso. Ya antaño había predilección por confitar sus tallos con azúcar. Tradicionalmente con ella se curaban resfriados y se aliviaba la tos. Hoy en día, con sus semillas se confecciona *chartreuse*, un licor digestivo y particularmente sabroso. Esta flor guardiana es una protectora, como se esperaría en una planta asociada con los arcángeles, y se la usa para revertir maldiciones, romper maleficios y ahuyentar energías negativas. Secando y curando la raíz, tendrás un talismán tradicional que puedes llevar en el bolsillo o en un amuleto para brindarte una larga vida. Muchas mujeres sabias han usado sus hojas en baños y hechizos para librar al hogar de los espíritus siniestros. Si la energía negativa es intensa, quema las hojas de angélica con olíbano para exorcizarlos de tu espacio. Mientras te proteges a ti y a tu hogar de la negatividad durante esta sesión de sahumerio con angélica, verás potenciado tu psiquismo. Presta atención a tus sueños tras esto; te llegarán mensajes importantes.

La lavanda es amor

La lavanda es muy fácil de cultivar al ser una planta herbácea de origen mediterráneo. Muy valorada por su maravilloso aroma, es una poderosa planta medicinal con muchas otras propiedades y usos prácticos; se la puede usar para preparar tés, tisanas e infundida en la miel. Puede prosperar hasta en zonas secas y áridas. Así pues, asegúrate de que el jardín de tu cocina tiene al menos una de las variedades resistentes para poder secar manojos que usar en tus hechizos, así como en tus recetas.

Ritual de la autobendición con lavanda

El tiempo que dedicas a restablecerte es precioso. El momento óptimo para autobendecirte es por la mañana, y hacerlo te ayudará a mantener tu salud física, proporcionándote un estímulo emocional cada uno de los días. Toma un manojo de lavanda seca cultivado en el jardín de tu cocina o de un proveedor de hierbas ecológicas y colócalo en un saquito de muselina. Amasa la lavanda tres veces y respira su aroma tranquilizador. Empezando por la parte superior de la cabeza, en el chacra corona, lleva el saquito hasta tus pies en un movimiento descendente, tocando suavemente tus otros seis chacras sagrados: frente, garganta, plexo solar, abdomen superior e inferior y pelvis. Sosteniendo la bolsa de lavanda sobre tu corazón, di en voz alta el hechizo de la derecha.

Se han ido ya los pesares, las dolencias
y los infortunios;
aquí fluye la sabiduría y la salud.
Mi corazón está completo,
el júbilo llena mi alma.
Bendita sea.

La sabiduría de la salvia

Cada bruja de cocina debería cultivar una maceta de salvia o un buen pedazo de tierra de su jardín. Es imprescindible tener salvia a mano para limpiar la energía. También incrementa el potencial psíquico. La mayoría de las brujas de cocina son sumamente imaginativas y tienen mucha inventiva. Ya sea tu pasión cultivar jardín artístico, liarte a tener macetas, cocinar o la música, podrás tener un contacto más estrecho con tu musa personal. Llámala para que acuda en cualquier momento, día o noche, siguiendo tu designio. Esto es especialmente importante si no estás inspirada o si te asalta el bloqueo del escritor.

Encamínate hacia tu jardín o al punto soleado de tu terraza donde crece tu salvia más resistente. Toma tres varillas grandes y extralargas de tu incienso favorito y ata unas hebras de salvia alrededor del incienso con un hilo morado. Lígalo todo y tendrás una varita de salvia. Antes de cualquier empresa creativa, puedes encender esta varita y agítala alrededor de tu espacio de trabajo, llenando esa área de inspiración. Cierra los ojos y medita sobre el trabajo que empezarás. Has limpiado tu espacio, invitado a la musa y tu soberbio trabajo será digno de la atención de dioses y diosas.

✳ PLANTANDO PROTECCIÓN

Las plantas proporcionan un refugio incluso en un pequeño estudio. Prestan su belleza estacional a cualquier ambiente. Ya sea el del hogar o el del trabajo.

¿Sabías que las plantas también mejoran el aire que respiramos? Purifican el aire produciendo oxígeno y absorbiendo contaminantes, como el formaldehído y el benceno que suelen desprender los muebles y colchones. Intenta tener bambú, ficus benjamina, árbol del caucho, cintas, espatifilo o una lengua de suegra.

Las plantas de interior necesitan que se les quite el polvo y puedes hacerlo con una piel de plátano. El polvo se aferra a la piel y ésta nutre a las hojas. ¡Vivan los plátanos!

Aloe: El árbol medicinal

Uno de los sanadores más efectivos de la Madre Naturaleza es el aloe. Cuando vivía en zonas frías con heladas y nevadas, lo cultivaba en una maceta amplia con un buen drenaje, y lo ubicaba en el punto más soleado de la cocina, donde se desarrollaba con muy poca agua. Hoy en día, por suerte, donde vivo nunca estamos bajo cero, así que tengo un aloe imponente en la esquina izquierda del jardín que está adquiriendo las proporciones de un árbol. Cuando alguien en casa sufre quemaduras, picaduras de insecto, erupciones, rasguños, picores o quemaduras solares, me voy flechada a por una hoja y aplico su jugo generosamente en la zona afectada. Nosotros la utilizamos como medicina y como tratamiento de belleza para la cara, geles capilares y masajes cutáneos. Además, es una bendición que toda esta sanación celestial sea totalmente gratuita. El aloe se reproduce mediante hijuelos que brotan por los laterales, que puedes trasplantar en macetitas de barro y darlos como regalo de hechicería de cocina a tu círculo a fin de compartir la energía medicinal, así como la protección y la suerte; encima disuade la soledad e incita al éxito. Cultívala en el hogar para proteger de los accidentes domésticos. Quema una en una noche de Luna llena para que te brinde un nuevo amante la Luna nueva siguiente.

La menta: Revitaliza tus poderes mentales

Otra hierba útil es la menta, tan fácil de cultivar que un sólo manojo en el patio trasero puede convertirse en un atractivo y aromático cubresuelos vegetal. También se la denomina la flor de la fresca renovación eterna. Entretejida en un laurel, otorga la genialidad, la inspiración artística y las habilidades proféticas. Como té, logra el milagro de calmar el estómago y la mente al mismo tiempo.

El grimorio de un jardinero: Hechizos y secretos

Los hechizos de jardín son uno de los aspectos más satisfactorios del oficio; con ellos te sentirás más próxima al linaje de las mujeres sabias que te precedieron. Ésta es una tierra mágica, pura y sencilla. Los hechizos y encantamientos siguientes harán que tu destreza con la hechicería crezca tan rápidamente como lo harán las plantas en tu parcela.

Formularle un deseo a la Luna creciente

Este hechizo santificará el espacio de tu jardín. Cuando haya una Luna creciente y esté creciendo hacia su fase de plenitud, reúne velas verdes y violetas. Úngelas con sándalo y aceite de rosa, respectivamente. Para crear un altar sencillo al aire libre, sitúa las velas en una piedra plana o en el muro de tu jardín. Coloca una pequeña hiedra plantada en una maceta en el altar, acompañada de una taza de agua. Enciende el incienso de sándalo en el flanco norte de tu altar al aire libre. Ahora cierra los ojos y medita sobre tus esperanzas y sueños de crecimiento: lo personal, los negocios, lo espiritual, los seres queridos. Cuando el incienso esté a punto de consumirse, toma la hiedra y plántala en una ubicación óptima de tu jardín donde pueda desarrollarse y propagarse, creando belleza al enredarse en un muro o cerca. Usa la taza para regar la planta. Ahora inclínate a modo de reverencia y reza usando las palabras de la derecha.

Esta hiedra ahora es un «pariente» botánico y a medida que florezca, también lo harás tú. Te animo a revitalizar sin cesar tu altar al aire libre adornándolo con objetos sagrados que tengan sentido para ti: plumas iridiscentes, una piedra encantadora de un arroyo cercano, una granada de un rojo brillante, una rosa blanca perfecta o cualquier cosa que encuentres en la naturaleza que constituya una ofrenda perfecta.

A medida que este ser vivo se expanda, también crecerá el poder de este espacio mágico.
Oh, diosa de la Tierra, te dedico mi magia.
Nadie saldrá perjudicado y sólo un buen trabajo saldrá de este espacio sagrado.

Ritual de la Luna nueva: Sembrando las semillas del cambio

La naturaleza es la creadora suprema. Ve a una floristería o a una tienda de jardinería cercana y hazte con un surtido de paquetes de semillas para plantar cosas nuevas en tu vida. Si no tienes un don con las plantas, inténtalo con las capuchinas, que son muy resistentes, crecen rápidamente y se propagan embelleciendo cualquier área. Se resiembran solas, toda una ventaja. En una mañana de Luna nueva, dibuja un cuadrado en tu patio con una varita «hallada en la naturaleza», una rama caída. Quienes vivan en pisos pueden usar una jardinera en la terraza o una maceta grande para este ritual. Cada esquina del cuadrado necesita una vela y una piedra especial. Yo compro mis piedras en librerías *new age,* que tienen versiones pulidas tan pequeñas como una moneda. Señala las esquinas tal como se indica a continuación en sentido horario:

* **Vela verde y peridoto o jade** para la creatividad, la prosperidad y el crecimiento.

* **Vela naranja y jaspe u ónix** para la claridad de pensamiento y tener una consciencia más elevada.

* **Vela azul y turquesa o celestina** para la serenidad, la amabilidad y un corazón feliz.

* **Vela blanca y cuarzo o calcita** para la purificación y la seguridad.

Grandísima Gaia, me dirijo a ti para
que me ayudes a renovarme.
Bajo esta Luna nueva y en esta
antigua tierra.
Bendiciones para ti; bendiciones para mí.
Benditas seamos.

Repite el conjuro de la izquierda mientras vas encendiendo cada vela. Entierra las semillas con los dedos y apisónalas suavemente con tu varita —la rama— que en esta ocasión también deberías clavar en la tierra. Riega tu jardín de la Luna nueva y un cambio positivo empezará en tu vida ese mismísimo día.

Bolsas del dinero de albahaca y menta

En lugar de perseguir el dinero o lograr posesiones, simplemente puedes atraerlos hacia ti con la sabiduría de tiempos pretéritos. Llena un saquito verde pequeño con albahaca y menta, 3 ramas de canela, un dólar de plata (o una moneda brillante de una libra) y una piedra verde —un peridoto o una suave piedrecita de jade de un color musgoso sería perfecto—. El ojo inexperto podría percibirlo como una bolsa de hierbajos y piedras, sin embargo, cualquier bruja de cocina admite que ésta es una herramienta poderosa para crear un cambio dinámico en tu vida y atraer la buena fortuna.

Prepara tu saquito para la atracción durante a Luna creciente; el poder más fuerte se manifestará cuando el Sol o la Luna estén en Tauro, Cáncer o Capricornio. Sostén el saquito sobre el incienso de olíbano y, mientras el humo bendice la bolsa, di:

La Luna es una moneda de plata; esto lo sé.
Llevo la magia lunar conmigo allá donde voy.
Bendiciones para ti y para mí mientras crece mi abundancia.

Lleva este saquito de poder contigo en tu día a día: al trabajo, a la tienda, a tus paseos diarios o a eventos sociales. Pronto se derramarán bendiciones sobre ti. Incluso podrías recibir un obsequio o literalmente encontrar dinero en tu camino.

Hechizo de atracción de las siete almendras de la suerte

En tu despensa, tienes todo lo que necesitas atraer en mayor medida amor, dinero, un nuevo hogar, un nuevo trabajo o incrementar la creatividad. El frasco de almendras de tu estante está lleno de un enorme potencial, y no sólo para deliciosos tentempiés o postres. Si tienes la suerte de tener un almendro, cosecha tus propias almendras, aunque las compradas en una tienda irán igual de bien. El gran psíquico Edgar Cayce se comía cinco almendras al día para prevenir el cáncer y creía que este saludable fruto seco contenía un gran poder. El aceite de almendras es excelente para la piel aplicado ligeramente como una autobendición. Asimismo, en este sencillo y efectivo hechizo, una pizca de aceite de atracción de almendras llegará muy lejos en tu favor.

Si estás sufriendo problemas económicos, frota una pizca de aceite de almendras en tu cartera y visualízala llenándose de dinero. Para engendrar un cambio mayor y duradero, realiza el hechizo siguiente.

Toma siete velas verdes votivas, siete almendras y siete hojas planas y verdes de una planta de tu jardín; la hiedra o los geranios son una elección excelente. Sobre la mesa de tu cocina, dispón las velas en círculo, depositándolas sobre las hojas. Unge cada vela con una pizca de aceite de almendras, que obra velozmente puesto que está gobernado por Mercurio, el dios de la velocidad, de los cambios veloces y de la rápida comunicación que opera en el elemento del aire. Coloca las almendras en el centro. A las 7 a. m. o a las 7 p. m. durante siete días, enciende una vela y cómete una de las almendras. Entonces, conjura en voz alta las palabras de la izquierda. Cada día, cuando el reloj señale las siete, realiza tu ritual. Más adelante, podrás ir contando bendiciones; ¡por lo menos habrá siete!

Suerte, sé rápida; suerte, sé amable.
Y por el afortunado siete, la buena
fortuna será mía.
Arriba y abajo, la sabiduría
de los dioses fluirá libremente.
Hacia la posibilidad perfecta, agradecida
me voy.

La flora de las hadas

Cuando plantes tu jardín de encantamientos, ten presente que ciertas plantas atraen a colibríes, mariposas y hadas. Esta gente menuda adora las margaritas, la *Echinacea purpurea,* el cantueso, el romero, el tomillo, la milenrama, las lilas, el cosmos, el centranto, los girasoles, la madreselva y el heliotropo. La sabiduría popular transmitida durante siglos afirma que los pensamientos, la aguileña y la boca de dragón plantados en un arriate son una alfombra de bienvenida para las hadas, y que pueden usar las dedaleras, que significan «guantes de la gente», para hacerse sombreros y ropa. Así como los tulipanes para su mercería. También favorecen a la capuchina, que siempre mira al Sol.

Las hadas están muy apegadas a ciertos árboles frutales, siendo sus favoritos el peral, el cerezo y el manzano. El majuelo es uno de los árboles más mágicos. Éste señala los lugares predilectos de las hadas para bailar; no cortes o arranques un majuelo a menos que quieras provocar su cólera. ¡Ten los ojos bien abiertos cuando estos árboles florezcan, que habrá hadas por ahí!

Tinta encantada supermorada

40 ml de zumo de moras machacadas

9 gotas de vino de borgoña

Tinta de color rojo oscuro

Un cuenco de metal pequeño

Aceite esencial de manzana

Un frasquito o botella pequeña que puedas cerrar herméticamente

Papel y un sobre

La pluma de un ave

Una vela roja

Antiguamente, la gente a menudo hacía sus propias tintas, impregnándolas así de una energía profundamente personal. Simplemente se dirigían a los laterales de los caminos y recogían moras de las zarzas que crecían allí. Frecuentemente, un pájaro que sobrevuele la zona te ofrecerá como regalo zarzas salvajes, que cercen mejor junto a una cerca por la que puedan trepar, facilitándote así recolectar las moras. En lo que respecta a los asuntos del corazón, a contratos, a comunicaciones legales por carta y a cualquier documento de vital importancia donde tengas la necesidad de dejar huella, una tinta artísticamente elaborada puede ayudarte a hacer justamente eso. También te puede ayudar a escribir cartas de amor inolvidables y memorandos memorables. Este hechizo funciona mejor cuando se realiza durante la Luna creciente.

Mezcla el zumo, el vino y la tinta roja en un cuenco pequeño de metal. Viértelo dentro del frasquito cuidadosamente y añade una gota de esencia de manzana. Cierra la botella herméticamente y agítala suavemente.

Conjura en voz alta el hechizo de la izquierda, y luego escribe el destino que vislumbras para ti en un futuro cercano y en uno lejano usando la tinta encantada y una pluma de ave. Deja que se seque, séllala en un sobre y mantenla en tu altar hasta la fase de la Luna nueva. Entonces, a la luz de una vela roja, abre la carta y léela en voz alta. Acto seguido, quema el papel usando la vela, y esparce las cenizas por tu jardín. La próxima Luna nueva, empezarás a cosechar los planes positivos que has invocado.

Por mi mano, forjado queda este hechizo.
Con esta tinta, seré autora
de mi propio destino.
Y tendré la vida feliz y el amor que busco.
Así sea.

Hechizo de renovación con agua de lluvia

Le recomiendo a cualquier jardinera brujeril que tenga un depósito para recoger agua de lluvia para sacar el máximo partido al tiempo tormentoso; podrás regar tus macetas de hierbas y tu jardín los días soleados y en períodos de sequía. El primer día de lluvia, deposita un cuenco de cristal azul fuera para recoger el agua. Llévatelo dentro y colócalo en tu altar junto a una vela encendida. Di estas palabras:

Agua de la vida, presente del cielo,
¡nos bañamos en energía recién encontrada,
haciendo volar a los espíritus!

Mete los dedos en el agua y tócate la frente. Medita sobre la labor medicinal que tú y tu jardín podéis hacer gracias a la nutritiva lluvia. Vierte el agua en el terreno de tu jardín, pronunciando el hechizo una última vez.

LA JARDINERÍA, TU CAMINO HACIA LA FELICIDAD

Para disipar la energía negativa, planta brezo, espino, acebo, jacinto, hisopo, hiedra, enebro, vincapervinca y capuchina.

Para la sanación, planta salvia, acedera común, clavel, cebolla, ajo, menta piperita y romero.

La agricultura y el trabajo con plantas sigue la guía de la Luna y debería tener lugar durante el período en el que la Luna creciente está en los signos de Cáncer, Escorpio, Piscis, Capricornio y Tauro.

Cerrando el círculo

«El mero acto de practicar la jardinería será una cura. A medida que sigues practicando la hechicería de cocina, aprenderás qué hechizos y qué hierbas, tés, pociones vegetales y recetas propiciarán que tú y tus seres queridos florezcáis».

Capítulo 7

Cocinando amor en cantidad

La magia no sólo influye dando los resultados deseados, sino que también empodera y fomenta el crecimiento personal. Este proceso se ve instigado mayormente por los hechizos amorosos cuidadosamente elaborados y los ritos para el romance de este capítulo, los cuales han superado las pruebas del tiempo y tienen una eficacia probada. Cubriendo cada aspecto del amor, puedes aprender hechizos que crean un potencial para el amor, captan la atención y la devoción de un pretendiente, fortalecen la unión entre una pareja, invocan la pasión, curan tras una ruptura, perdida o divorcio y quizá —lo más importante— llenan tu propio corazón de amor y compasión. Los menús románticos y afrodisíacos son recetas secretas compartidas aquí por primera vez para que puedas disfrutar de ellas con la persona a la que amas. Tu afecto será correspondido por triplicado con el tesoro de hechizos de este compendio.

Hechizos para atraer, crear y mantener el amor en tu vida

Como ocurre con muchas otras que me precedieron, mis primeros hechizos fueron los amorosos. A mis catorce años conjuré el primero, y pronto, mi mejor amiga recibía las atenciones amorosas de un pretendiente que antes no estaba interesado en ella. Desde entonces, he tenido muchos años y amplias oportunidades para perfeccionar este aspecto gozoso del oficio. He contemplado felizmente cómo estos hechizos miman y mantienen la pasión del amor una vez tras otra.

Cualquier metafísico te dirá que las peticiones más comunes implican asuntos del corazón. La brujería se basa en saber que nuestros destinos yacen en nuestras manos, incluso respecto al amor. ¿Por qué sufrir las hondas y las flechas de un romance fallido cuando puedes solventarlo? Aquí hay ideas a mansalva de trabajos mágicos para que así tengas una vida que te encante y esté llena de amor.

La luz del amor: Consagración de un altar

Trae el amor a tu vida con esta consagración de un altar. Emplea una mesa o cómoda pequeñas en tu dormitorio y cúbrelas con un pañuelo o tela suntuosos y rojos. Adórnalas con objetos que representen el amor: velas rojas, cuencos de color rubí, rosas, una estatua de Adonis, un trozo de amatista en forma de corazón o cualquier cosa que agite tus sentimientos y sentidos. Aplica un buen sahumerio a la zona para purificar el espacio a fin de revitalizarlo de cara a los nuevos comienzos. Unge tus velas con aceite de jazmín, de rosa o de cualquier esencia que para ti evoque el romance y prepara algún incienso similar. Enciende ambos y di en voz alta:

Enciendo la llama,
azuzo a la llama.
Cada vela que enciendo es un anhelo,
yo deseo y veré correspondido mi deseo.

Consagración de la vela de las almas gemelas

Si estás buscando un alma gemela, este sencillo hechizo será la solución perfecta. En prácticamente cada librería *new age*, encontrarás piedras semipreciosas en forma de corazón. La Luna nueva siguiente, toma dos piezas de cuarzo rosa y plántate en pie en el centro de tu dormitorio. Enciende dos velas rosas y recita las palabras de la derecha.

Mantén las velas y los cristales en tu mesita de noche y considéralo un templo dedicado al amor. Repítelo tres noches seguidas y prepárate para el amor.

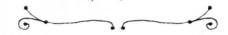

Bonito cristal que sostengo esta noche,
inflámate de amor para mi deleite.
Sin perjudicar a nadie, el amor
irá viniendo hacia mí.
Esto pido y así será.

Poción nieblas de Ávalon

3 *gotas de aceite de rosa*

3 *gotas de aceite de lavanda*

3 *gotas de esencia de neroli*
    (flores de naranjo)

120 *ml de agua destilada pura*

Si sueñas con un romance real, puedes provocar visiones de tu futuro amor verdadero con esta potente poción.

Vierte todos los ingredientes en un atomizador coloreado y agítala bien tres veces. Quince minutos antes de retirarte, rocía ligeramente tus sábanas, tu toalla y tu funda de almohada. Ten un diario de sueños en tu mesita de noche para poder anotar los detalles del gran amor que se manifestará muy pronto.

Hechizo de la flor

Condúceme hacia
la luz más elevada;
guíame hacia la belleza y la verdad.
Tengo mucho que dar.
Tengo mucho que vivir.
Bendiciones resplandecientes
a todo el mundo.

Para encender la flor del amor en tu corazón, sincroniza este hechizo con una Luna nueva decreciente. Coloca una vela verde al lado de una azucena, una rosa o una freesia blancas. Asegúrate de que la flor refleje tus preferencias. Las flores blancas tienen el mejor aroma y cualquiera de estas bellezas le inculcará a tu hogar un aura agradable. A mí me gusta dejar una gardenia flotando en un cuenco transparente con agua fresca; la esencia de lo divino. Enciende la vela y sostén la flor cerca de tu corazón. Reza usando el hechizo de la izquierda.

El arte de fascinar: Los corazones anudados

En un pedacito de papel, escribe con tinta roja el nombre de la persona cuyo afecto ansías y luego enróllalo como un pergamino. Unge el papel con aceite de rosa. Ata el rollo con un hilo rojo, pronunciando una línea del hechizo de la derecha por nudo.

Mantén el rollo en tu altar del amor y enciende velas rojas ungidas con aceite de rosa cada noche hasta que se haya cumplido tu voluntad. Cerciórate bien de qué desea tu corazón, ya que este hechizo es imperecedero.

Un nudo para buscar mi amor,
uno para encontrar mi amor.
Uno para traer mi amor, uno para amarrar mi amor.
Unidos como uno solo para siempre.
Así sea; este hechizo ya está hecho.

Hierbas confitadas

Obsequiar dulces caseros es una forma maravillosa de indicar un flechazo. Uno de los derivados resultantes de preparar miel de hierbas, licores y oximel son las hierbas confitadas, que también se pueden preparar especialmente para tentempiés y para usarlas en dulces, como pasteles y galletas.

Remueve los líquidos juntos in una olla grande y caliéntalos despacio, removiéndolos cada pocos minutos. Cuando haya alcanzado el punto de ebullición, añade las hierbas hasta que estén bien mezcladas. Hiérvelas a fuego lento hasta que el líquido quede muy espeso y pegajoso. Saca las hierbas con una cuchara y deposítalas sobre un papel parafinado para que se cristalicen. Varias hierbas fabulosas para esto son el hisopo, la raíz de jengibre, la lavanda, la melisa, las semillas de hinojo, la menta, los tallos de angélica y el tomillo. Así como las rodajas pequeñas de naranja, lima y limón.

240 ml de vodka

240 ml de sirope de azúcar simple (véase página 66)

240 ml de miel

50 g de hierbas desecadas de tu elección

1 hoja grande de papel parafinador

✳

OLLAS DE COCCIÓN LENTA: RESULTADOS RÁPIDOS

Las ollas de cocción lenta ganaron popularidad a principios de los setenta, cuando muchas mujeres empezaron a trabajar fuera de casa, y este humilde electrodoméstico podía cocer la cena a lo largo del día. Sobre la marcha, también se convirtió en un apero de primera necesidad en la vida de muchos paganos, ya que son excelentes para calentar la sidra y el vino con especias, para derretir cera para hacer velas, y para todo tipo de artes y elaboraciones culinarias. Son simplemente lo mejor para sopas, estofados e infusiones, que se beneficiarán enormemente del tiempo en que los sabores se mezclan unos con otros. Para confitar hierbas y realizar decocciones de elaboración lenta, las ollas de cocción lenta suponen un maravilloso ahorro de tiempo.

Un viernes de citas y de flirteos: Magia nocturna

240 ml de aceite de sésamo

5 gotas de aceite de flores de naranja

3 gotas de aceite de rosa

3 gotas de aceite de ámbar

El toque de Venus lo convierte en el día más festivo de la semana. ¡Ésta también es una noche óptima para una cita! Para preparar una noche de viernes romántica y de flirteos, debes tomar un baño con la poción siguiente, conservada en una botella o cuenco especial y bonitos.

Mezcla los aceites y remuévelos con los dedos seis veces, repitiendo tres veces lo siguiente en silencio:

Yo soy hija de Venus; yo encarno el amor.
Mi cuerpo es un templo de placer; soy todo aquello que es hermoso.
Esta noche beberé plenamente de la taza del amor.

Vierte dos tercios de esta poción en una bañera humeante y medita sobre tus planes nocturnos. Cuando termines, repite el hechizo de Venus una vez más.

No uses una toalla, permite que tu piel se seque de forma natural. Engalánate con tus mejores atuendos divinos.

Úntate un poco de mezcla de aceite venusiano en tus puntos de pulsación, en muñecas, tobillos, y en la base de la garganta. Cuando salgas esta noche, indudablemente conocerás a gente nueva estimulante y encantadora que estará muy interesada en ti. De hecho, se sentirá atraída por ti.

Poción de Afrodita para una piel eternamente joven

Te habrás percatado de que muchas brujas parecen intemporales. Existe una buena razón; manifestamos mucho júbilo en nuestra vida, incluyendo crear pociones que cuiden de un modo excelente nuestra piel para mostrar una juventud propia de Afrodita.

Mezcla estos aceites en una botella de color azul oscuro, que puedas cerrar herméticamente. Agítala muy concienzudamente y prepárate para ungir tu piel con esta invocación:

60 ml aceite dulce de almendras (como base)

2 gotas de aceite de manzanilla

2 gotas de aceite de romero

2 gotas de aceite de lavanda

Diosa del amor, diosa de la luz,
escucha esta plegaria,
por favor, comparte tu juventud, belleza y resplandor.
Así sea.

Límpiate la piel con agua caliente y luego embadúrnatela suavemente con la poción. También puedes hacer un ungüento o bálsamo usando mi receta si quieres retrasar el reloj. Prepárate para que te pregunten por tus secretos de belleza.

Labios ungidos

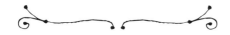

El fruto más maduro,
el pétalo perfecto,
cada beso es un hechizo
de supremo gozo.
Y así es.

Desde tiempos inmemoriales, las brujas han cautivado con su belleza mágica. Eso ocurre porque sabemos cómo complementar los obsequios de la Madre Naturaleza. Antes de una noche especial, recurre a un «beso glamuroso» añadiendo una gota de aceite de clavo a tu frasco favorito de brillo de labios. Mientras lo remueves suavemente, di las palabras de la izquierda en voz alta tres veces.

Esto hará que tus labios creen un hormigueo encantador y les dará a tus besos un toque especiado. El afortunado destinatario de tu afecto quedará fascinado.

Bonitas cartas: Se ruega acuse de recibo del romance

Las cartas de amor son un arte muy antiguo que profundiza la intimidad. ¿Qué corazón no se arrebata cuando el objeto de su afecto vuelca su pasión en un folio? Una tinta mágica, el papel que tengas listo y cera te resolverá la papeleta. Toma una hoja de papel especial; lo ideal es un suntuoso papel artesano o papelería fina con una marca de agua cremosa. Escribe en él con tinta encantada como la de sangre de dragón de color vino oscuro, disponible en tiendas metafísicas. También puedes intentar la receta de la tinta encantada supermorada del capítulo 6 (*véase* página 104). Perfuma la carta con la fragancia distintiva o aceite que prefiera tu amante. Por ejemplo: el ámbar, la vainilla o el ylang-ylang. Sella la carta con cera, la cual también habrás perfumado con una gota preciosa de ese aceite y, por supuesto, un beso. Antes de enviarla, enciende una vela ungida con este aceite amoroso y entona este hechizo:

Eros, acelera mi mensaje en las alas del deseo.
Haz que mi enamorado arda con el fuego
puro del amor.

¡Prepárate para una respuesta ardiente!

Hierbas gitanas del amor

Muchas mujeres gitanas han gozado del fruto de un amor duradero recitando el hechizo siguiente mientras mezclan centeno y pimento* en un plato a compartir con el objeto de su afecto. Mientras incorporas y revuelves estas hierbas amorosas, declama:

———————

* Variedad de chile (*Capsicum annuum*) con forma de corazón de unos 7-10 cm de largo y unos 5-7 cm de ancho semejante al chile bola. *(N. de la T.)*

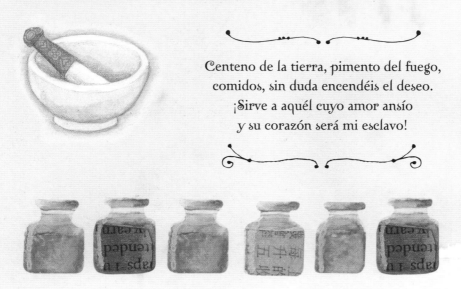

Centeno de la tierra, pimento del fuego,
comidos, sin duda encendéis el deseo.
¡Sirve a aquél cuyo amor ansío
y su corazón será mi esclavo!

Sopa fría de pepino y menta para amantes

3 pepinos grandes pelados

15 g de hojas de menta frescas

1 cucharadita de sal kósher

3 cucharadas de aceite de oliva

Según estudios recientes, el pepino posee cualidades afrodisíacas gracias a su aroma. Este deleite fácil de cultivar proporciona numerosos nutrientes esenciales que mantienen tu salud sexual, incluyendo manganeso y vitaminas C y K. Además, deja la piel radiante. Ésta es una breve y dulce receta para preparar una sopa fría refrescante que compartir con un ser amado un día caluroso. Mete los ingredientes en la batidora y tritúralos. Este espléndido y verde potaje sirve para dos raciones para una pareja hambrienta. Los únicos acompañamientos que necesita son unas crujientes galletas saladas de hierbas, una bebida helada y el uno al otro.

Sé mi Valentín: Comida mágica

El pepino no es el único recurso que hay para crear ambiente en una noche de amor. Sorprende al objeto de tu afecto con una de estas delicias:

* **Al chocolate,** con razón, se lo llama la «comida de los dioses».

* **La nuez moscada** está sumamente bien considerada como afrodisíaco por las mujeres chinas.

* **La miel,** ¿alguna vez te has preguntado por qué el período posterior a una boda es la Luna de miel? ¡Las bebidas endulzadas por las abejas son imprescindibles!

* **A las ostras** se las ensalza desde la antigua Roma por sus propiedades especiales afrodisíacas.

* **Fresas** ofrecen un sabor erótico muy dulce; sírvelas junto con chocolate para obtener el máximo efecto.

* **A la vainilla** se la conoce poco por sus propiedades amorosas, pero tiene un sabor y aroma poderosos.

Galleta *shortbread** del enamorado

10 g de hierbas confitadas *(véase página 111)*

110 g de miel

225 g mantequilla, a punto de pomada

340 g de harina normal

Prepara 6 unidades

Esta galleta supone un excelente regalo para tu ser amado. Mezcla bien las hierbas y la miel en la mantequilla ablandada e incorpora la harina gradualmente. Mézclalo bien y extiéndelo dándole la forma alargada de un tronco de 5 cm de ancho. Envuelve la masa en papel encerado y enfríalo en la nevera durante 2 horas mínimo. Precalienta el horno a 160 °C. Corta la masa en rodajas y colócalas en un papel de horno engrasado. Hornéalo 20 minutos o hasta que la parte de arriba se empiece a dorar. La lavanda y el hisopo logran las *shortbread* de postre más dulces que hay. Como alternativa, puedes omitir la miel y usar salvia y tomillo para obtener una satisfactoria y sabrosa galleta para el desayuno que servirle a tu enamorado tras una noche exquisita.

---

* Galleta tradicional originaria de Escocia. Suele tener un tamaño rectangular y grueso. *(N. de la T.)*

Glaseado afrodisíaco

2 cucharadas de agua

4 gotas de extracto de vainilla

6 hojas de melisa, más un extra para decorar

270 g de azúcar glas

1 limón

Limón confitado *(usa la receta de la página 111 de las hierbas confitadas)*

Puedes remendar corazones rotos y hechizar a quienquiera que anheles con melisa. Esta receta es para pasteles, tanto si los has confeccionado tú como si son bizcochos comprados en una tienda. Glasea el *shortbread* del enamorado de arriba con este glaseado y la devoción de cualquiera que lo pruebe será tuya.

Mezcla el agua, la vainilla y la melisa, y déjalo reposando toda la noche. Cuela las hierbas y añade el azúcar al líquido. Incorpora la ralladura de la piel del limón y bátelo; de ser necesario mejorar la consistencia del líquido, añade un poco de zumo de limón exprimido. Vierte el glaseado sobre el pastel y remátalo con limón confitado y melisa. Este postre único es un hechizo hilado con azúcar.

El café del flechazo

6 vainas de cardamomo

1 rama de canela

110 g de granos de café molidos

1,5 litros de agua

Nata para café o un sustituto de la nata

1 cucharada de miel o de azúcar moreno

El cardamomo es una especia que los indios, creadores del *Kama Sutra,* han aprovechado al máximo. Denominado «granos del Paraíso», lo encontrarás en cualquier tienda de alimentación y reconocerás los ecológicos por el color verde de sus vainas.

Aplasta las vainas de cardamomo en un mortero y extrae las semillas, descartando las vainas. Parte la canela en trozos, muélela junto con las semillas de cardamomo y lo metes todo en el café molido removiéndolo bien. Prepara el café como lo harías habitualmente, empleando una prensa francesa o una cafetera para cuatro tazas rebosantes de gozo. El fuerte y rico sabor exige la crema y un endulzante, de modo que literalmente endulzas la cafetera y sirves el café para una noche amorosa y energética.

✳

EL ZUMBIDO DE LA MIEL

Todo el mundo ha tenido tarros de miel cristalizada en la alacena, aunque piénsatelo dos veces antes de tirarla; éste es el mejor tipo de miel para cocinar y mejora la textura de los productos horneados de pastelería.

El té de los amantes

Aquí tienes una receta rápida para crear exactamente el ambiente adecuado para una noche de ensueño.

Mezcla todos los ingredientes en el sentido de las agujas del reloj. Puedes conservarlo en una lata o en un tarro coloreado durante un máximo de un año para esas noches especiales. Cuando estés lista para infusionar el té, vierte agua hirviendo sobre las hierbas; 2 cucharaditas por taza de agua. Pronuncia el hechizo siguiente en voz alta durante sus 5 minutos de reposo e imagina el deseo de tu corazón.

28 g de flores secas de hibisco

28 g de escaramujos secos y pulverizados

14 g de menta piperita

14 g de melisa seca

Infusión herbal de la emoción amorosa,
con mi deseo te fortalezco.
Cuando dos personas compartan esta poción,
este amor se intensificará,
como en el antiguo jardín del amor.

Endúlzalo al gusto con miel y comparte esta libación exquisita con quien amas.

Cerrando el círculo
«Al final de la vida, lo único que importa es cuánto amor has dado al mundo, en qué medida has compartido tu corazón con la gente».

Capítulo 8

Celebrando la rueda del año

El corazón humano ansía lo ritual y las formas de marcar las etapas de la vida. El calendario pagano se las arregla maravillosamente con eso recordándonos los ciclos de la naturaleza y la importancia de pasar tiempo con la comunidad. Casi todas nuestras fiestas modernas más solemnes tienen unas raíces muy antiguas surgidas en costumbres agrícolas y rituales relacionados con la fertilidad con el objeto de garantizar buenas cosechas y abundancia para todos. Los festivales lunares, los festivales de los solsticios estacionales y las celebraciones de los *sabbats* mayores exigen magia ceremonial, banquetes familiares y un reconocimiento del mundo natural. Ha llegado el momento de contar nuestras bendiciones y compartirlas. Observar estos días sagrados más solemnes con ritos de círculo, comidas mágicas y plegarias paganas garantiza que tu cocina será un templo dedicado al gozo durante los años venideros.

Las comidas místicas y los rituales de los días festivos sagrados

Según las esferas celestiales que tenemos sobre nosotros, los *sabbats* son los días sagrados de cada estación del año. Algunos días sagrados celebran la llegada de la primavera y el inicio del resurgimiento, mientras que otros señalan la cosecha para preparar los oscuros y fríos días invernales. Casi todas nuestras festividades tienen sus raíces en ritos de la antigüedad fundamentados en la fertilidad y la esperanza de obtener cosechas abundantes. La humanidad determinó el tiempo basándose en el movimiento de las estrellas, del Sol y de la Luna en el cielo, lo cual también fundamentó la designación de las constelaciones y de los calendarios astrológicos. Las noches de Candlemas, de Beltane, del Día de Lammas, de All Hallow –Todos los Santos– son los *sabbats* mayores. Los *sabbats* menores, enumerados abajo, son los indicadores astrológicos de las nuevas estaciones:

* **Ostara:** 21 de marzo, también conocido como el Vernal o equinoccio de primavera.

* **Litha:** 21 de junio, conocido vulgarmente como solsticio de verano.

* **Mabon:** 21 de septiembre, más conocido como equinoccio de otoño.

* **Yule:** 21 de diciembre, es el solsticio de invierno.

Candlemas: La estación que viene

Candlemas, el 2 de febrero, también conocido como Imbolc, es el momento álgido entre el solsticio de invierno y el equinoccio de primavera. Este festival anticipa la llegada de la primavera con banquetes y bendiciones. La tradición sostiene que hay que servir leche y los paganos modernos lo extienden a galletas de mantequilla, helado y quesos; también debería compartirse cualquier otra comida relacionada. Es un momento importante para dar la bienvenida a nuevos miembros de tu círculo espiritual y a nuevas brujas en un aquelarre. Candlemas es un acontecimiento reconfortante, pero aun así es una época invernal, así que para prender el fuego del hogar o la hoguera se debe incluir cedro, pino, enebro y acebo junto con coronas de lo mismo para marcar los cuatro puntos cardinales.

Asimismo, va acompañado de velas blancas en portavelas votivas de cristal. Incienso fuerte como el de cedro, de nag champa o de olíbano bendecirán el espacio. El líder del círculo iniciará el ritual encendiendo el incienso con una llama procedente del fuego y, mirando hacia cada una de las direcciones cardinales, irá diciendo:

Bienvenidos, guardianes del este, que traéis vuestros vientos frescos
y el aliento de la vida. Venid al círculo de Imbolc.
Bienvenidos, guardianes del sur, que nos traéis corazón y salud.
Venid al círculo en este día sagrado.
Bienvenidos, guardianes del oeste, lugar del Sol poniente
y de las imponentes montañas. Venid a nosotros.
Bienvenidos, guardianes del norte, tierra de la lluvia y de la nieve
que dan la vida. Venid al círculo en este día sagrado.

El líder debería dar la bienvenida a cada miembro del círculo y hablar sobre los obsequios que traen a la comunidad. Todo el mundo debería reconocerse mutuamente con brindis y bendiciones, y compartir el pan en esta época de la estación que se acerca.

Pasteles y *ale:** Fiebre del Día-de-Saturno Noche

Aquí tienes un plan para una fiesta pagana, algo maravilloso para las noches del fin de semana. Puedes adornarlo con acontecimientos astrológicos o lunares, aunque deberías reunir a tus amigos o aquelarre y celebrar la vida cualquier sábado noche de tu elección. Si el tiempo es suficientemente cálido, celebra las fiestas fuera. De suceder lo contrario, asegúrate de elegir un espacio interior  con suficiente espacio para bailar, tocar el tambor y desplegar un gran júbilo. Pídele a cada uno de tus invitados que traiga pastel, galletas y golosinas de su elección junto con su cerveza, vino, hidromiel, sidra o *ale* favorita. Así como cojines para sentarse. Coloca las ofrendas en una mesa de altar central y enciende velas de todos los colores. Una vez que todo el mundo esté sentado e instalado, el anfitrión o el líder del círculo pronuncia el cántico:

Dioses de la naturaleza, bendecid estos pasteles.
Que nunca pasemos hambre.
Diosa de la cosecha,
bendice esta *ale*.
Que nunca estemos sedientos. Benditos seamos.

La más mayor y la más joven debería servir la comida y la bebida a toda la gente del círculo. Al final, una se sirve a la otra y el líder canta la bendición de nuevo. ¡Deja que el festín empiece de nuevo!

---

* Tipo de cerveza de fermentación alta. (*N. de la T.*)

La limpieza espiritual de primavera:
La bendición de las habas

El cambio de estación del equinoccio vernal, el 21 de marzo, trae consigo la necesidad de obtener nuevas energías, las cuales puedes engendrar limpiando. Aquí tienes una manera tradicional de expulsar «lo viejo» y traerle buenas nuevas y nuevos comienzos positivos a tus amigos y a tu familia.

Toma una bolsa de habas de tu cocina e invita a tu círculo a casa. En la antigüedad, desde los incas hasta los egipcios y los griegos, muchos paganos creían que las habas contenían espíritus malignos, de modo que este rito procede de ese linaje. Id a tu tejado o al punto más elevado de tu casa que sea seguro y dales a todos un puñado de habas. Cada persona lanza un haba cada vez, gritando aquello de lo que necesitan despedirse; una mala costumbre, un trabajo de pesadilla, cualquier demonio personal que se tenga. Después de que todos hayan echado la negatividad y las discordancias, celebrad esa *tabula rasa*. Nota divertida: si lanzas lentejas en un terreno baldío en primavera, en otoño, ¡cosecharás lo suficiente para obtener varias cacerolas de sopa!

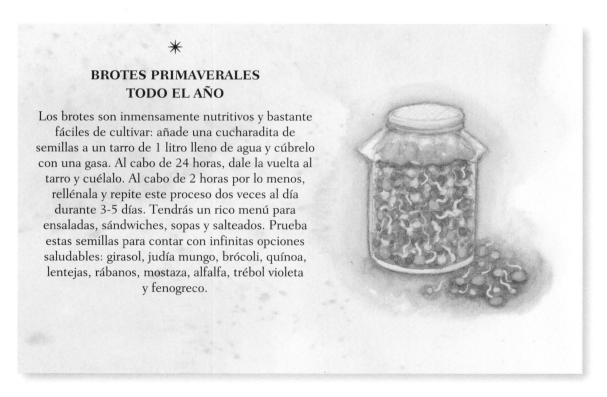

✳
BROTES PRIMAVERALES
TODO EL AÑO

Los brotes son inmensamente nutritivos y bastante fáciles de cultivar: añade una cucharadita de semillas a un tarro de 1 litro lleno de agua y cúbrelo con una gasa. Al cabo de 24 horas, dale la vuelta al tarro y cuélalo. Al cabo de 2 horas por lo menos, rellénala y repite este proceso dos veces al día durante 3-5 días. Tendrás un rico menú para ensaladas, sándwiches, sopas y salteados. Prueba estas semillas para contar con infinitas opciones saludables: girasol, judía mungo, brócoli, quinoa, lentejas, rábanos, mostaza, alfalfa, trébol violeta y fenogreco.

La noche de Beltane

Beltane, celebrado el 30 de abril, sin duda es la más sexy de las fiestas solemnes paganas, y es tremendamente esperada a lo largo del año. Las brujeriles celebran esta noche sagrada y tradicionalmente las celebraciones duran toda la noche. Este festival es para darse un banquete, cantar, reír y hacer el amor. En el May Day (el 1 de mayo), cuando el Sol vuelve por la mañana, los juerguistas se reúnen para erigir un palo de mayo alegremente decorado con lazos para bailar a su alrededor y siguen con pícnics y siestas sensuales. La receta de abajo es apropiada para este momento especial del año en que el amor fluye tan libremente como el vino.

La infusión de Beltane

1 litro de miel

3 litros de agua destilada

Especias para sazonar, al gusto (por ejemplo: canela, nuez moscada y vainilla).

1 paquete (7 g) de levadura seca activa

El venerado hidromiel es la bebida predilecta para los días sagrados paganos más sexis. Es afrodisíaco y señala la madurez de este día consagrado al amor y a la lujuria. Esta receta adapta un método medieval.

Mezcla la miel y el agua. Hiérvelo 5 minutos. Añade las especias que quieras, aunque yo prefiero una cucharada de cada uno de estos ingredientes: clavo, nuez moscada, canela y pimienta de Jamaica. Añade un paquete de levadura y mézclalo todo. Ponlo todo en un recipiente grande. Cúbrelo con un papel film y permite que suba y se expanda. Guarda la mezcla en un lugar oscuro y déjalo reposar 7 días; lo ideal sería hacerlo al principio de la fase de la Luna nueva. Refrigérala tres días mientras el sedimento se deposita en el fondo. Cuélalo y consérvalo en una botella coloreada, preferiblemente de verde. Puedes tomártelo al momento, pero pasados siete meses, adquirirá un sabor con mucho cuerpo. Mantenlo siempre en un lugar fresco y oscuro.

Hidromiel sin alcohol

Hierve todos los ingredientes mezclados durante 5 minutos y deja que se enfríe. Embotéllalo inmediatamente en un tarro de cristal coloreado. Mantenlo en la nevera para evitar que fermente y disfruta de él durante cualquier ocasión festiva. Ésta es una forma saludable y refrescante de festejar.

1 litro de miel

3 litros de agua destilada

120 ml de zumo de limón

1 limón, cortado en rodajas

½ cucharadita de nuez moscada

Una pizca de sal

El ritual de *hoof and horn* –pezueñas y cuernos–*

Aunque lo ideal sería celebrarlo al aire libre, si es una noche de Beltane celebrada en interiores, elige un lugar con chimenea, y ten un fuego rugiente que permita que los oficiantes lleven ropa cómoda y bailen descalzos. Pídeles que traigan flores primaverales e instrumentos musicales. ¡Tambores a gogó! Coloca cojines en el suelo y sirve un despliegue celestial de comida para picar, hidromiel, cerveza, sidra especiada, vino y tés afrutados. A medida enciendes el incienso del círculo, presenta velas verdes, rojas y blancas; una para cada participante. Cuando invoques el círculo, levanta el brazo y señala cada punto cardinal, diciendo «hacia el este, hacia el norte», etc. A continuación canta:

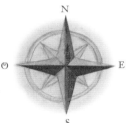

Pezuñas y cuernos, pezuñas y cuernos, nuestros
espíritus renacen esta noche [repetir tres veces].
Júbilo, bienvenido seas a esta casa. Llena a estos amigos
de amor y de risas. Así sea.

Haz que cada invitado encienda una vela y hable del amor brindando con la infusión de Beltane. Tocar el tambor y bailar es la parte siguiente del círculo. Ésta es una invocación a la alegría de vivir y será una noche para el recuerdo. ¡Ahora, regocíjate!

---

* El ritual incluido en este libro es de origen celta, y su denominación remite a las pezuñas y a la cornamenta de algunos animales que los celtas consideraban sagrados. En este caso no se está haciendo referencia a ningún rito pagano de vertiente satánica. (*N. de la T.*)

Hechizo del solsticio de la arboleda sagrada

La mejor forma de celebrar la estación del Sol, el 21 de junio, es hacerlo al aire libre en la gloria de la naturaleza en pleno apogeo. Si tienes un bosque cerca o una arboleda predilecta, planea un pícnic y comparte este rito de paso con tu círculo espiritual. Los aquelarres a menudo tienen un lugar favorito. Es mejor todavía si allí está creciendo un roble enorme, el árbol más sagrado para los druidas. Reúne a la tribu y lleva cintas vistosas de colores y rotuladores permanentes. Formad el círculo agarrándoos de las manos, luego mirad al este, al sur, al norte, y al oeste, cantando:

Atesoramos la sabiduría del Sol,
vemos la belleza de nuestra tierra.
Al universo que nos da la vida,
le devolvemos su obsequio.
Que todos obtengan la paz más profunda,
y todos somos uno. Benditos seamos.

Cada miembro del círculo debería pronunciar su deseo para el mundo, para sí mismos o para los seres queridos y escribirlo en una cinta. Uno a uno, atad un lazo a un árbol. Cada vez que el viento las meza, propagará vuestros buenos deseos.

Pudin del solsticio de verano

Inspirado en una receta tradicional de Kent, conocido como «el jardín de Inglaterra», este pudin de verano trae consigo los sabores de la estación; simplemente es sublime.

Combina todas las frutas y el azúcar en una sartén, y hiérvelo suavemente 3 minutos. Añade el zumo de medio limón exprimido. Forra un cuenco grande con el pan superponiéndolo para formar una corteza. Vierte dentro la combinación de frutas. Añade una última rebanada de pan para cubrir la mezcla y coloca un platillo con un peso encima que lo empuje hacia abajo. Tápalo con papel film y enfríalo en la nevera durante la noche. Antes de servirlo, dale la vuelta y el pudin saldrá mostrando una forma semiesférica. Cúbrelo de nata montada, y decóralo con algunos frutos del bosque y hojas de menta. Este manjar frío no podría ser más fácil. Cada cuchara colmada está repleta de la dulzura del verano.

450 g de frutos del bosque mezclados (fresas, frambuesas, arándanos, moras frescas)

225 g de melocotones, ciruelas y nectarinas frescas cortadas en dados

50 g de azúcar

Zumo de ½ limón

10 rebanadas de pan sin corteza (o 15 galletas shortbread)

El día de Lammas: Cosechando felicidad

Este *sabbat* mayor, celebrado el 2 de agosto, denota el punto álgido del año; los cultivos están en su apogeo, el tiempo es cálido y el campo estalla con la belleza de la vida. Los paganos sabemos que debemos agradecérselo a los cielos que tenemos sobre nuestra cabeza y que debemos reconocer la generosidad de los dioses de la naturaleza con una reunión de la tribu y un banquete, preferiblemente al grandioso aire libre.

Pide a los invitados que traigan ofrendas para el altar bajo la premisa de la cosecha: varios tipos de calabaza, manojos de tallos de trigo y maíz, cosechas recién recolectadas de su jardín y comida que compartir como agradecimiento preparada con eso mismo: pasteles, ensaladas de tomates, encurtidos de pepino, judías verdes, pudin de maíz, sandía, pasteles de limón, sidra de manzana y cerveza destilada a partir del trigo, del lúpulo y de la cebada. Esta celebración de la época de las cosechas del verano debería ser un reflejo de qué has cultivado con tus propias manos. Llena tu caldero o un cuenco de cristal coloreado grande y bonito hasta la mitad con agua fresca y toma unos paquetes de pequeñas velas votivas que floten sobre ella. Asegúrate de reservar un lugar en la mesa del banquete para el invitado divino Lugh, que ha estado pendiente de las plantaciones para garantizar esta abundancia. Pon hogazas de pan de

Lammas junto a su plato. Cuando los invitados hayan llegado, todo el mundo debería añadir un poco de comida al plato del dios como ofrenda y encender una de las velas que flota en el caldero. Corta una rebanada de pan de Lammas para Lugh e inicia la ceremonia con esta plegaria de agradecimiento:

Oh, vetusto Lugh de los campos y de las granjas,
te invitamos aquí con los brazos abiertos,
en este lugar entre mundos, en los florecientes campos de heno.
Tú has traído las bendiciones que recibimos en este día de Lammas.

Empezad el banquete y, antes del postre, todo el mundo debería dar una vuelta alrededor de la mesa y manifestar verbalmente su gratitud por los obsequios del año. Contar cuentos, cantar, realizar danzas en espiral y todo tipo de algarabía forman parte del día de Lammas.

Las tradiciones de Lugh: El guardián de la cosecha

Lugh, «el Luminoso» de la mitología celta, es el dios guerrero del Sol y el guardián de los cultivos. La Lughnassa es una festividad en honor del dios de la cosecha, la cual tiene lugar a principios de cada mes de agosto. Lammas, que significa «masa de hogaza», era la fiesta anglosajona al aire libre como motivo de la primera cosecha del año e incluía competiciones deportivas además de banquetes, bailes y rituales. El lanzamiento de *cáber* escocés, una competición de lanzamiento de troncos, deriva de esta especie de olimpíadas populares anuales. Estos dos festivales de principios de agosto se fusionaron a lo largo de los siglos y Lammas se arraigó en el calendario pagano.

Al final del verano y del otoño, las brujas de cocina deberían realizar rituales de agradecimiento por la abundancia de los cultivos y por el obsequio que es la vida. Esto mantendrá un flujo constante de prosperidad hacia ti y los tuyos. Lugh también tiene dominio sobre las tormentas de finales de verano, así que cualquiera que sufra una sequía o incendios forestales puede rezarle a Lugh para que llegue la lluvia.

Pan del día de Lammas

Con esta receta obtendrás una hogaza grande o dos normales. Mezcla los ingredientes secos en un cuenco grande. Añade la mantequilla de cacahuete y la miel a la leche caliente, y mézclalas removiéndolas. Deja enfriar la mezcla de la leche hasta que esté tibia y vierte los ingredientes secos. Amásala 15 minutos añadiendo harina si fuera necesario para elaborar una masa suave y elástica. Aceita la superficie de la masa, cúbrela con papel film o con un trapo de cocina húmedo, y déjala reposar en un lugar cálido hasta que duplique su tamaño. Esto habitualmente requiere 90 minutos. Amásala y dale a la hogaza el tamaño deseado. Deja que vuelva a subir bien, cubierta en un lugar cálido. Hornéala 30 minutos en un horno precalentado a 190 °C hasta que se dore bien y suene hueco al darle golpecitos en la parte de abajo.

270 g de harina integral de trigo, más 70 g adicionales aparte

270 g de harina de fuerza

35 g de semillas de sésamo tostadas

2 cucharadas de levadura seca activa

2 ½ cucharaditas de sal

2 cucharadas de mantequilla de cacahuete

2 cucharadas de miel

475 ml de leche, escaldada

Festival del equinoccio de otoño: Mabon

Tu cocina no es sólo el lugar donde preparas comidas, confeccionas tónicos medicinales y elaboras encantamientos; también es un templo con un altar donde honrar al espíritu. Este *sabbat* del cambio de estación de Mabon, el 21 de septiembre, señala un cambio meteorológico y otra cara de la naturaleza. Señala los cuatro puntos cardinales en tu altar con una hogaza de pan en el este, un cuenco de manzanas en el sur, una botella de vino en el oeste y una mazorca de maíz indio en el norte.

✳

LA LEYENDA DE LA HOJARASCA: ATRAPAR LA SUERTE CON LA MANO

Aquí tienes una dulce pizca de alquimia al alcance de cualquiera transmitida desde el Medievo. Las mujeres sabias de antaño enseñaron a sus hijos a buscar hojas que están cayendo. Atrapar una con la mano trae la mejor de las suertes, surgida directamente de la Madre Naturaleza. Llévala durante una estación y estarás a salvo del peligro y encontrarás obsequios en tu camino. Si se te bendice especialmente y atrapas dos hojas en una estación, la segunda es para el compañero de tu destino. Estaréis ligados por los sentimientos y por la buena fortuna.

Olla del clan de la Luna de maíz

200 g de macarrones

225 g de tomates cortados
  en dados

1 tarro de 225 g de salsa
  de enchilada

350 ml de agua

250 g de pollo desmenuzado,
  cocinado

1 lata de alubias negras

175 g de maíz fresco
  (o congelado)

2 cucharadas salsa

2 cucharadas de salsa picante

50 g de queso cheddar, rallado

Albahaca, cilantro, cebollino,
  aguacate y crema agria

Aquí tenemos lo mejor de ambos mundos en una olla. A los niños les encantará este plato fenomenal. ¡Te pedirán repetir!

En una sartén grande a fuego fuerte, combina la pasta, los tomates, salsa de enchilada y el agua. Llévalo a ebullición y entonces baja la temperatura poniéndolo a fuego medio. Añade el pollo, las alubias negras, el maíz y la salsa. Si a tu familia le gusta extrapicante, échale algunos chiles verdes para darle un toque más picante. Baja el fuego, cúbrelo y deja que se cueza durante 20 minutos, o hasta que la pasta esté tierna y bien cocinada. Cúbrela con el queso y las hierbas. Acto seguido, coloca la tapa sobre la sartén. Deja que el queso se derrita durante 5 minutos y sirve este plato del gusto de todos en cuencos desbordantes.

Puede ser una rica comida que servir durante la Luna de maíz y los banquetes rituales que impliquen crecer y transformarse. Al maíz se lo asocia con la autosostenibilidad y la fecundidad tanto la de la gente como la de la tierra. Al compartir este plato en la Luna llena de septiembre, llega el momento de recordar y de agradecer todo lo que hemos sembrado y todo lo que hemos cosechado para reconocer los continuos ciclos de la vida.

La noche de All Hallows –o de Todos los Santos– de Samhain

Halloween, el 31 de octubre, surge de la gran tradición del Año Nuevo celta. Lo que empezó como un festival popular celebrado por grupos reducidos en áreas rurales, hoy en día se ha convertido en la segunda fiesta más importante en Norteamérica y está ganando popularidad exponencialmente en el Reino Unido y en el resto de Europa. Existen múltiples razones que lo explican, incluido el *marketing* moderno, aunque creo que satisface la necesidad básica humana de desatar tu «lado salvaje», de ser libre y de estar más conectado con las prácticas antiguas. Éste es el momento en el que el velo entre los mundos es más fino y puedes comulgar con el otro lado, con las maestras y con el mundo de los espíritus. Durante este *sabbat* mayor es importante honrar a los ancestros y reconocer lo acontecido en el año anterior, así como sentar los propósitos para el que está por venir.

Éste es el momento ideal para invitar a tu círculo; el número ideal para tu «aquelarre» es el 13. Reúne incienso en polvo, sal, una hogaza de pan, cálices para el vino y tres velas que representen a la Triple Diosa para el altar de las ofrendas. Lo ideal sería hacer lo siguiente en un altar de piedra al aire libre: vierte el incienso en polvo en un pentagrama con la forma de una estrella. Deja que se vayan las viejas penas, los enfados y cualquier cosa inadecuada para los nuevos comienzos en este año nuevo. Trae sólo lo mejor de ti a esta ocasión propicia.

Enciende las velas y di:

En honor a la Triple
Diosa en esta noche
sagrada de Samhain,
para todos los seres vetustos
de un tiempo antes
del tiempo, para aquellos
que están detrás del velo.

OTRO TIPO DE MAGIA CON VELAS

Los goteos, gotas y derrames de cera de las velas son el pan de cada día de la hechicería. Rascarla no funciona y deja un desastre aún peor. He aquí el truco: toma un trapo de felpa húmeda y colócalo sobre la cera derramada. Pon encima la plancha caliente durante un minuto y la cera se irá arrancando introduciéndose en la tela. Abracadabra: la cera ha desaparecido.

Golpea el altar tres veces y enciende el incienso. Di esta bendición en voz alta:

Para este pan, vino y sal,
pedimos las bendiciones de la Madre,
de la Doncella, y de la Anciana,
y los dioses que custodian la puerta
del mundo.

Espolvorea la sal sobre el pan, cómete el pan y bébete el vino.

Cada uno de los participantes debería acercarse al altar repitiendo la bendición del pan y del vino. Sentaos a continuación y, por turnos, todo el mundo debería nombrar a aquellos que están en el otro lado y darles las gracias a los ancestros y deidades. Esto puede y debería tomar bastante tiempo, ya que le debemos mucho a nuestros seres queridos del otro lado.

La cocina del año nuevo

Una modalidad de magia transmitida desde la antigüedad consiste en tener la estatuilla de una diosa doméstica en tu hogar; los arqueólogos las han encontrado entre los artefactos más antiguos. Tener una estatuilla como ésa decorando el altar de tu cocina es un buen generador de energía. La consideración más importante es elegir la deidad con quien sientas que tienes una conexión más profunda.

Receta para la deidad de masa de sal

Un maravilloso ritual en grupo que llevar a cabo es «la inauguración de la cocina». Invita a casa a un grupo de amigos y realiza una hornada de diosas de esta lista o basadas en tu propia inspiración. La masa de sal se usa para crear bonitas esculturas domésticas, tales como panes trenzados lacados con los que decorar tu domicilio. Esta aproximación sencilla y divertida bendecirá vuestros hogares durante las estaciones venideras. Puedes duplicar o triplicar las cantidades según la cantidad de diosas trabajen juntas.

Mezcla los tres ingredientes y luego amásalos a mano suavemente, añadiendo cucharaditas de agua hasta que la masa quede completamente suave. Déjala reposar sobre una tabla de cortar de madera limpia y seca durante media hora. Si quieres una masa colorida, añade colorantes alimentarios ecológicos, que tendrás que poner en el agua al principio. El azul, el verde, el amarillo, el rojo, el naranja y el violeta son perfectos para representar a diosas.

Dale a la diosa la forma que te parezca adecuada o usa una imagen procedente de un libro que te transmita algo. Una vez que la diosa esté esculpida, métela en el horno a 120 °C y horneála durante al menos 2 horas hasta que la superficie sea firme al tacto. Sácala, deja que se enfríe y luego decórala con pintura, purpurina, abalorios, joyas y toda la ornamentación apropiada para su regio papel.

A mí me encanta el manzano de mi patio trasero. Para honrar a la diosa de las frutas Pomona, yo formo una imagen sencilla de ella con una corona compuesta por una guirnalda de flores, pintada de rojo y verde. Cuando las lluvias primaverales traen las flores de las manzanas, devuelvo a Pomona al árbol que ella custodia. Cada año hay más manzanas gracias a su generosidad.

270 g de harina

200 g de sal

120 ml de agua

UNA LOCURA GENIAL

Antes de recibir a tu círculo en casa para las festividades, tendrás que preparar el templo, tu hogar. El humilde nogal era sagrado para el rey Salomón y crecía en los jardines colgantes de Babilonia. Dirígete a la despensa para apañarte esa preparación ahorrativa: elimina las marcas de los muebles de madera partiendo una nuez por la mitad y frotando el borde por la madera. ¡Magia doméstica en toda regla!

Diosas internacionales que toda bruja de cocina debería conocer

* **Chicomecoatl:** Esta diosa azteca del maíz brinda prosperidad a los campesinos.

* **Dugnai:** Esta deidad eslava es una guardiana del hogar y bendice los panes.

* **Fornax:** He aquí la diosa de todos los hornos de origen romano; ella protege del hambre.

* **Frigg:** Este ser nórdico benevolente vela por las artes domésticas (incluido el amor).

* **Fuchi:** Los japoneses la invocan cuando necesitan fuegos: fuego para cocinar, para hogueras en el campo y para las celebraciones.

* **Hebe:** Hija de Hera y Zeus, esta diosa de la juventud también es una escanciadora que puede bendecir tus cálices y los recipientes rituales de la cocina.

* **Hehsui-no-kami:** En Japón, es la diosa de la cocina y también puede ser la tuya.

* **Huixtocihuatl:** La diosa azteca de la sal es una diosa a quien hay que dirigirse y mostrar agradecimiento todos y cada uno de los días.

* **Ida:** El subcontinente indio considera que gobierna el fuego y la devoción espiritual.

* **Ivenopae:** La madre indonesia del arroz que ayuda en la época de la cosecha, alimentando a millones de personas.

* **Li:** El cargo de esta diosa china consiste en alimentar las hogueras.

* **Nikkai:** Los primeros frutos de la temporada son obsequios de esta santidad cananea.

* **Ogetsu-hime:** Esta deidad confiable es la diosa japonesa de la comida.

* **Okitsu-hime:** A esta la diosa japonesa de la cocina se la venera desde la antigüedad.

* **Pirua:** La madre peruana del maíz es sagrada para todos aquellos que dependen de ella para sobrevivir.

* **Pomona:** La diosa de las frutas en tiempos de Roma domina los jardines y los huertos de árboles frutales.

* **Saule:** Este ser benéfico báltico es una diosa solar que enciende el fuego del hogar e ilumina todas las artes domésticas.

Yule: La hoguera del solsticio de invierno

El nombre del mes de diciembre procede de la diosa romana Decima, una de las tres Parcas. La palabra «yule» proviene de *jol*, del noruego antiguo, que significa «pleno invierno». Se celebra el 21 de diciembre, el día más corto del año. La antigua tradición consistía en celebrar una vigilia junto a una hoguera para asegurarse de que, efectivamente, el Sol salía de nuevo. Esta costumbre primigenia evolucionó convirtiéndose en una noche de cuentacuentos, y aunque podría hacer demasiado frío para sentarse fuera entre nieve y aguanieve, congregarse alrededor de un sensacional fuego del hogar, cenar y hablar bien entrada la noche aún son importantes para tu comunidad para conocerse los unos a los otros de verdad, transmitir sabiduría y hablar de esperanzas y sueños. Saluda al nuevo Sol con unas conexiones más fuertes y una visión compartida para el próximo año solar.

ASADO DE RAÍCES
SE ACERCA EL INVIERNO

Vivimos en una época en la que algunos alimentos que los participantes primitivos de Yule devoraban en sus banquetes están experimentando un renacimiento: caldos de huesos, tubérculos y frutas de hueso. Son muy fáciles de preparar y de compartir con el clan. Los tubérculos siguientes son magníficos asados con romero durante 40 minutos a 230 °C con un chorrito de aceite de oliva y sal: 1 kg de ñames, patatas, ajos, setas, cebollas, chirivías, zanahorias y remolachas de tamaño mediano mezclados. En el raro caso de que queden sobras, pueden ser la base de una sopa o estofado reconfortantes.

Cerrando el círculo

«Este camino no sólo consiste en mirar hacia el interior, sino que también consiste en ponerse en sintonía con el mundo que te rodea: cada hoja, piedra, brizna, flor y semilla; la llamada más suprema de cualquier pagano es alcanzar la armonía con los ciclos del mundo natural».

Conclusión:

Elaborando tu diario de hechicería

El arte y la práctica de la hechicería de cocina es, en esencia, una expresión de tu espiritualidad. Aunque muchas celebraciones de *sabbats* y de ritos de círculo sean reuniones de la tribu, buena parte de la hechicería la realizará un aquelarre individual: tú. Asimismo, consiste en el «trabajo interno» de idear y crear rituales personales, rastreando los ciclos vitales de la Luna y las estrellas. Así como en tomar nota de tus trabajos mágicos en tu libro de las sombras, lo que motivará tu más profundo desarrollo espiritual. Tu vida es una labor en curso y aquí tienes un testimonio de esto. Los conocimientos que obtengas al volver atrás y reconsiderar todo lo que se ha dado previamente tienen un valor incalculable. Aquí deberían estar tus cavilaciones, tus invocaciones, esperanzas y propósitos. A esto lo llamo un diario del viaje y puede adoptar cualquier forma que conjure tu imaginación, siempre y cuando capte las profundas verdades y revelaciones de tu trabajo.

Las entradas de las páginas siguientes son todas tuyas para anotar tus cavilaciones mágicas e ideas inspiradas. Consérvalas y mira atrás de vez en cuando para reflexionar. Quizá descubras que las anotaciones escritas en este diario fueron los primeros pasos en la renovación y en los nuevos caminos de tu vida. Este registro de tu propia sabiduría es un tesoro de valor incalculable.

¡Bendita seas, de mi cocina, a la tuya!

La fase de Luna nueva es el momento de emprender nuevas empresas, renovarse, limpiarse y despejarse. ¿Qué semillas sembrarás durante este tiempo de nuevos comienzos?

....
....
....
....
....
....
....
....
....

La Luna creciente es el momento de la abundancia, la atracción y la magia del amor. También puede sanar desavenencias y proteger relaciones existentes. ¿Qué quieres atraer durante esta época?

....
....
....
....
....
....
....
....
....
....

La Luna llena ilustra los desafíos de tu vida. Ahora ha llegado el momento
de liberar y desprenderse de cualquier cosa que te cause problemas.
¿Cuáles son los problemas o viejos hábitos que deberías «pescar y liberar»?

....

....

....

....

....

....

....

....

La Luna menguante es una época para enfatizar lo positivo desterrando
lo negativo. Deshazte de cualquier sentimiento, hábito, problema de salud
o pensamiento nada constructivos. Limpia el desbarajuste psíquico
con los hechizos que has aprendido y reemplázalo por buena energía.
¿Qué desbarajuste psíquico te hace falta despejar?

....

....

....

....

....

....

....

....

....